삶과 문학이 깃든 시민교육

아이들은 어떻게 시민이 될까?
32가지 에피소드와 작품으로 만나는 인권, 문화다양성, 평화, 환경, 미래

교실 구석구석 시민교육

삶과 문학이 깃든
시민교육

어린이문학공부모임 지음

ㅇㅇ에듀니티

- 차 례 -

둥근 사각형과
삶의 가능성

아이들은 각자가 자신의 공간과 시간 안에서, 즉 자기 삶의 어떤 지점에 서 있다. 학생 누구나 자기 생에서 기쁨과 슬픔의 과정을 반복하며 살아간다. 어떤 학생은 멘토가 될 사람을 만나기도 하고, 어떤 학생은 좋은 책을 만나서 진로를 변경하기도 한다. 이렇듯 학생이라는 신분의 장점은 가능성이라고 말할 수 있다. 공교육은 이러한 가능성을 전제하지 않는다면 성립할 수 없다. 따라서 시민교육의 목적은 좀 더 나은 사회 발전을 위해서 학생의 가능성과 역량을 함양하는 데 있다고 할 수 있다.

삶은 필연과 우연의 종합이다. 식상한 말이지만, 좋은 문학은 이러한 삶에 양식이 된다. 어쩌면 문학은 모든 삶을 살 수 없는 유한한 인간이 만든 인간 가능성의 밑그림일지도 모른다. 국가든 개인이든 자기 경계를 가지고 살아간다. 그러나 문학은 경계를 긋지 않는 것이 자연스럽다. 우리가 살아가는 세상은 동화 속 세계도 판타지 세상도 아니다. 반대로 냉혹함과 척박함만이 존재하는 것도 아니고 모순만 가득한 세계도 아니다. 그러므로 진정한 시민교육은 학생이 스스로 경계 짓기와 경계 허물기를 반복하는 과정이지 않을까.

시민교육에서 좋은 문학을 학생들과 나누는 건 중요한 일이다. 학생들이 문학에 나타난 여러 사적-공적 문제와 결정에 대해 적극적인 참여와 토론을 통해서 좀 더 나은 삶을 숙고할 수 있을 것이다. 자신의 생각을 자유롭게 밝히고 자신의 의견을 수정하면서도 외부의 강압으로 자신의 기본권이 침해되었을 때 저항하는 방법도 배울 것이다. 그만큼 시민교육에서 좋은 문학을 나누는 것은 학생들을 민주시민으로 성장하도록 돕는 일이다.

이 책은 그동안 '어린이문학공부모임'[1]에서 함께 읽었던 책과 영화를 서평 혹은 에세이 형식으로 모아서 엮은 글이다. 다양한 글들을 각 장의 주제인 인권, 문화다양성, 평화, 환경, 변화된 미래에 총 5부로 배치하였다. 지금까지 쓴 글에서 재구성한 글도 있고 완전히 새로 쓴 글도 있다. 몇몇 글은 에세이로 몇몇은 서평으로 구성하였다. 끌리는 주제부터 읽어도 되고, 궁금한 제목부터 골라서 읽어도 무방하다.

학생과 교사가 좋은 시민교육을 통해 다 같이 성장했으면 좋겠다. 미래의 시민교육은 제일 먼저 어린이에 대한 이해가 이루어져야 한다. 그리고 어린이가 성장할 사회의 정치·경제적 환경과 학교교육 환경을 성찰하고 이에 기반한 교수학습과정을 설계하는 것이 중요하다. 그 길에 학생의 삶에 함께하며 여러 문학을 나누면 더 좋겠다. 어린이문학공부모임에서 함께 나눈 고민의 작은 결과물인 이 책이 부끄럽지만 풍성한 시민교육을 모색하는 길에 조금이나마 도움이 되길 바라본다.

---

[1] 어린이문학공부모임은 2018년부터 충남 지역 초등 교사들이 모여서 여러 텍스트(그림책, 동화, 영화 등)를 나누며 성장하고 있는 공부모임이다.

3월,
여느 1학년 선생님의
하루

급식실에서 재민이가 다 먹기를 기다린다. 밥알 하나를 입에 넣었다 뺐다를 반복하기를 벌써 여러 차례다. 이제 그만 먹어도 되겠다 싶다. 함께 잔반을 처리하고 교실로 온다. 도중에 깨금발로 다니는 사랑이를 만난다. 실내화 한 짝이 없어졌단다. 아무 말도 안 했는데 쪼르르 원우가 온다.

"선생님, 저는 안 가져갔어요. 그냥 이렇게 사랑이 신발을 잘 두었어요." 하며 신발을 모으는 몸짓을 한다.

화장실 이곳저곳을 살펴도 실내화는 없다. 화장실 옆에 있는 유치원 교무실에 가서 짝 잃은 실내화를 보면 전화를 달라고 부탁한다. 가는 도중 특수 선생님이 은하랑 지연이가 멱살을 잡고 싸웠다 하길래 둘을 불러 자초지종을 묻고, 서로 사과를 시키고 앞으로는 이런 일이 없기를 다짐받는다.

복도가 소란스럽다. 특수 학생 재원이가 양치질을 하다가 울고 있다. 급기야 복도에 주저앉아 자기 뺨까지 때린다. 조심스럽게 특수 선생님께 가서 "제가 도움이 될까요?" 물었더니 안된단다.

교실이 시끄럽다. 그 사이 재민이가 원우랑 은하를 때리고, 서윤이 눈을 찔렀단다. 일단 서윤이를 보건실에 보내고 보건 선생님께 특별히 살펴달라고 전화한다. 며칠 전에도 재민이가 서윤이에게 블록 상자를 던졌는데 또 이런 일이 생기고 말았다. 암튼 사과를 시키고, 용서한다는 원우와 은하의 대답도 들었으나 학부모들을 생각하니 마음이 무겁다. 복도에서는 여전히 재원이가 울고 있고, 보건실에 간 서윤이는 아직이다.

보건실에서 돌아온 서윤이는 재민이를 용서하지 않겠다고 하고, 그 사이 재원이는 진정이 좀 되었다. 복잡한 생각을 뒤로하고 4교시 수업을 시작한다. 때린 일로 마음이 불편한지 재민이는 교실 바닥에 누워있다. 다행히 재원이는 조용히 수업에 참여한다. 5교시에는 도서관에 가야 한다. 4교시 '우리 학교에는 어떤 교실이 있을까?' 수업과 연계해 꼭 필요한 활동이다. 하지만 재민이는 여전히 불안한 행동을 하고, 재원이도 안심하기에 이르다. 잠시 고민하다 결정한다.

'도서관에 간다.'
'올 한 해 이런 일이 있을 때마다 접기로 한다면 대체 무엇을 할 수 있단 말인가?'
하는 결연한 생각으로.

새것은 아니지만, 여분의 실내화 중 사랑이 발에 맞는 실내화를 찾아 맨발로 이동하지 않도록 하고, 재원이 손을 잡고 재민이가 잘 따라오는지 확인하며 간다. 도서관에서 재원이는 창문 난간에 매달리는 위험한 행동을 계속한다. 외부로 가는 체험학습 때는 반드시 재원이를 담당하는 인력이 있어야 함을 깨닫는다. 책을 한 권씩 빌려 돌아온다.

사랑이에게는 다음 날 실내화를 찾는 경우가 많으니까 걱정하지 말라고 하고, 맞은 세 학생들은 교실에 잠깐 남게 하고 학생들을 하교시킨다. 재민이를 데리러 온 엄마에게 재민이와 함께 맞은 학생들에게 사과하면 어떨지 묻는다. 어머님은 학생들 한 명 한 명에게 미안하다고 사과하고, 갑자기 재민이가 울기 시작했다. 우는 재민이와 사과하는 어머니를 지켜보기 마음 아프다. 학생들 마음도 같았나 보다. 절대 용서 안 한다던 서윤이도 마음을 고쳐 용서한다고 말한다.

오늘은 2시부터 '마주온' 연수가 있다. 연수 전 서둘러 교내 메신저를 돌린다.

"실내화 한 짝을 찾습니다~"
"분홍색 장식이 있고 희미하지만, '김사랑'이라고 이름이 쓰여 있어요."

연수 내내 머릿속이 복잡한 것도 멍한 것도 같다. 퇴근 후, 용감이, 예쁜이, 준식이 산책을 시킨다. 산책 중 평소 사이가 나쁜 이웃집 검은 개들을 만났는데 오늘은 의젓하다. 감자밭도 살핀다. 싹은 나왔는지, 혹시 멧돼지의 습격으로 쑥대밭이 되지는 않았는지. 블루베리 나무에 물을 주면서는 그럭저럭 학교 일도 잊었다 생각했다.

퇴근인 듯 퇴근 아닌 듯

전화 1
집으로 가는 길에 전화벨이 울린다. 사랑이 엄마다.

"실내화가 왜 없어져요? 아니, 어떻게 이런 일이 있을 수 있어요?"

통화할 때마다 드는 생각이지만, 북한말에 가까운 억양이 센 느낌을 주는 말투다.

나: 저도 실내화가 왜 없어졌는지 정확히 알지는 못해요. 제 생각에 누군가 일부러 작정하고 그랬다기보다는, 그곳이 여러 학생이 드나드는 곳이라 학생들이 부주의하게 행동해 사랑이 실내화 한 짝이 이리저리 쓸려 다니다 없어진 게 아닌가 싶어요. 그런데 대부분은 다음날에 찾아요. 내일까지 기다려 보면 좋을 것 같아요.

'아니, 실내화 한 짝이 없어진 일이 이렇게 큰일인가?'
'혹, 다문화가정이라 친구들이 일부러 사랑이한테 그런다고 생각하나?'
'내일 못 찾으면 어떡하나?'
하는 생각에 나도 어이가 없다.

전화 2

집에 오니 부재중 통화가 찍혀 있다. 사랑이 엄마랑 통화하느라 재원이 엄마의 전화를 받지 못했나 보다. 재원이 엄마의 문자에 답장한다. 지친다. 잠시 뒤 전화벨이 또 울린다. 서윤이 엄마다. 가만히 전화기를 바라볼 뿐 받지 않는다. 평소와 다른 모습에 남편이 걱정스럽게 본다. 잠시 뒤 서윤이 엄마에게 전화를 한다.

나: 저도, 부모님도 계속 노력하고 있는데도 이런 일이 또 생겼어요. 아프고 안아프고를 떠나 때리는 행위 자체가 해서는 안 되는 일임을 학생에게도 부모님께도 거듭 말하고 지도하는 중입니다. 오늘은 어머님이 직접 학생들에게 사과도 하셨고요.
서윤이 엄마: 선생님 잘못은 아니지만 이번까지만이에요. 다음에도 이런 일이 있으면 그냥 넘어가지 않겠어요.
나: 저도, 재민이 부모님도 가벼이 여기지 않고 노력하겠습니다.

이만하길 다행이다 싶다. 일어나지 않을 다음 차례 일까지 미리 당겨 걱정할 필요는 없다. 8시가 넘었다. 이럴 때는 새 나라의 어린이가 되어 일찍 자는 것이 상책이다. 숙면은 느긋한 마음과 새로 시작할 힘을 선물해 줄 것이다.

전화 3

다음날, 평소보다 일찍 집을 나선다. 어제 퇴근길 '사랑이 엄마'와 통화하느라고 주유소를 지나쳤다. 기름을 넣고 가려다 학생들만 있을 교실이 마음에 걸려 그냥 학교로 간다. 출근이 너무 이르다. 전화벨이 울린다. 원우 엄마다.

　원우 엄마: 선생님, 내가 왜 전화했는지 알아요?

나랑 스무고개 하자는 것은 아닐 테고 조짐이 좋지 않다. 하지만, 긴 숙면으로 새로운 힘을 장착했기에 의젓하게 응대한다.

　나: 먼저 어머님 말씀부터 듣겠습니다.
　원우 엄마: 우리 아이가 맞았는데 왜 나한테 전화 안 해요? 남편이 지금 학교로
　　　　　　갈 테니 때린 학생 부모도 오라고 해요.
　나: 3월 한 달 동안 원우가 친구들과 소소한 다툼이 있을 때마다 사과도 시키고
　　　다짐도 받으며 지도해 왔어요. 그때마다 건건이 부모님께 전화하지 않고 담
　　　임인 제가 지도하는 선에서 마무리했는데 어제 일도 마찬가지입니다. 원우
　　　가 재민이의 사과를 흔쾌히 받아 주었고, 재민이 어머님이 한 번 더 사과하
　　　자 원우가 자기는 아무렇지 않다고 괜찮다며 오히려 재민이 엄마를 안심시
　　　켜 주더라고요.
　원우 엄마: 우리가 피해잔데 왜 가해자 입장까지 생각해야 해요?
　나: 재민이 부모님도 저도 이 상황을 엄중하게 여기고 가정에서도 학교에서도
　　　최선을 다해 노력하는 중입니다.

원우 엄마: 알겠어요. 어떻게 할지는 좀 더 생각해볼게요.

다행히도 전화를 걸 때보다는 한결 차분한 말투다.
서둘러 교실로 들어와 컴퓨터를 켜고 다시 한번 더 교내 메신저를 돌린다.

"실내화 한 짝을 찾습니다~"
"찾지 못하면 큰일이 날 것 같습니다~"
"꼭 찾아주세요~"

교무실로 간다. 지금이 바로 자진신고 할 타이밍이다. 교무실이 어수선하다. 6학년 학부모가 와서 '학교폭력'으로 신고하겠다고 한바탕 소동을 벌이고 갔단다. 교무실에는 나를 기다리는 분도 있다. 지난해 가르쳤던 아이의 올해 담임교사다. 수업을 할 수가 없다고 하소연한다. 그렇지만 지금은 내 일만으로도 버겁다.

교감 선생님에게 어제 일의 자초지종을 말하고 학부모가 찾아올 수 있음을 말한다. 순식간에 무능한 교사가 된 것 같은 느낌적인 느낌이다. 교감 선생님은 어느 때든 교실로 와 도움을 주기로 했다. 또, 며칠 뒤 현장학습 때는 우리 반에 두 분의 선생님을 지원하기로 했다. 재민이 부모님은 학교 방침에 전적으로 따르기로 했다. 다행히 원우 아버지는 학교에 오지 않았다. 그리고, 기쁜 소식 하나 더. 사라진 사랑이 실내화 한 짝을 찾았다.

'아니, 실내화 한 짝 찾은 일이 이렇게 기쁜 일이었어?'

오늘은 3월 30일이다. 3월도 이제 하루만 남았다. 설마 4월에도….

"도움이 필요해요"

금곡초 황우리

PART 1

함께 해서
소중한
우리

인권

세계인권선언 3조[1]

모든 사람은 생명과 신체의 자유와 안전에 대한 권리를 가진다.

세계인권선언 26조

(2) 교육은 인격의 완전한 발전과 인권과 기본적 자유에 대한 존중의 강화를 목표로 한다. 교육은 모든 국가, 인종 또는 종교 집단 간에 이해, 관용 및 우의를 증진하며, 평화의 유지를 위한 국제연합의 활동을 촉진하여야 한다.

2022 개정 교육과정이 추구하는 인간상 & 핵심역량[2]

▷ 전인적 성장을 바탕으로 자아정체성을 확립하고 자신의 진로와 삶을 스스로 개척하는 자기주도적인 사람

▷ 공동체 의식을 바탕으로 다양성을 이해하고 서로 존중하며 세계와 소통하는 민주시민으로서 배려와 나눔, 협력을 실천하는 더불어 사는 사람

▶ 자아정체성과 자신감을 가지고 자신의 삶과 진로를 스스로 설계하며 이에 필요한 기초 능력과 자질을 갖추어 자기주도적으로 살아갈 수 있는 자기관리 역량

▶ 다른 사람의 관점을 존중하고 경청하는 가운데 자신의 생각과 감정을 효과적으로 표현하며 상호협력적인 관계에서 공동의 목적을 구현하는 협력적 소통 역량

---

1) 유엔총회, 세계인권선언, 1948.

2) 교육부, 초·중등학교 교육과정 총론(고시 제2022-33), 2022.

인권은 시대에 따라 자유권, 사회권, 노동권, 교육권, 적절한 생활 수준을 누릴 권리, 평화와 생태의 지속을 추구하는 권리 등으로 변화하고 있다. 성별, 나이, 장애, 종교, 인종, 출신 국가, 성적 지향성, 정치적 의견 등이 다르더라도 인간으로서 존중받으며 행복하게 살고자 하는 마음은 모두가 같다.

인권교육은 학교교육 모든 부분에서 이루어져야 한다. 학교, 학급운영, 교육과정의 구성과 실제에서 공기처럼 인권을 존중하는 분위기가 우리 교육 현장에 절실하다. 학생, 학부모, 교사 등 교육공동체 모두가 서로 인권을 존중할 때, 진정한 교육과 인간으로서의 성장이 이루어질 것이다. 기본기가 탄탄해야, 그것을 바탕으로 더 성장할 수 있다. 시민교육에 있어서 인권교육은 기본기에 해당한다. 공동체 안의 모두에게 동등하게 주어진 인권이 있다는 것을 인식하고 나, 너, 우리의 인권을 보호하기 위해 서로 권리를 존중하고 의무를 다하는 모습이 필요하다.

학교에는
선생님만 있는 줄
안다

방학이다!

28년 교직 생활 중 이렇게 방학을 학수고대하긴 처음이다. 정말이지 마지막 주는 하루하루를 손꼽아 가며 방학을 기다렸다. 올해 우리 반에는 발달이 늦은 학생이 여럿 있다. 수업 중 소리를 지르고, 교실을 뛰쳐나가고, 반 학생들에게 위협적인 행동을 해 교무실로 도움을 요청하기 일쑤였다. 쉬는 시간에도 감히 교실을 비우고 화장실에 갈 엄두를 내지 못했고, 점심시간에는 시원한 커피 한 잔 타러 가는 것에도 결심이 필요했다. 3월에 비하면 학부모들의 항의성 민원 전화는 많이 줄었지만, 오늘 하루도 무사하기를 속으로 되뇌며 하루하루 살얼음 위를 걷는 기분으로 보냈다. 오늘부터 앞으로 23일 동안은

"째려봤어요. / 안 째려봤는데요."
"모래 던졌어요. / 안 했는데요."
"밀었어요. / 안 밀었는데요."
"새치기해요. / 안 했는데요."
"욕했어요. / 안 했는데요."

보호자 1: 우리 애가 안내장을 냈나 안 냈나 매일 가방 좀 확인해 주세요.

보호자 2: 미세먼지가 심한데 왜 밖에서 놀게 해요?

보호자 3: 왜 약을 안 먹였어요?

보호자 4: 우리 애한테 왜 관심이 없어요?

와 같은 말과도 안녕이다. 야호!

학생들에게 방학 동안 지킬 일, 방학 과제 등을 안내하는데 누군가 교실 앞문을 서성인다. 다가가 보니 오전 시간에 학교 방역 도우미를 하는 어르신이다. 우리 교실이 중앙현관과 가깝기도 하고, 학생들도 잘 따라 늘 정답게 인사하며 지내오던 터다.

어르신: 선생님께 인사드리러 왔어요.

나: 어르신도 오늘부터는 방학이네요.

어르신: 아니요. 이젠 학교 방역을 안 한다고 하네요.

나: 그럼 2학기에는 안 나오시는 건가요?

어르신: 네, 오늘이 마지막 날입니다.

평생 주부로 살다 일흔이 넘어 처음 출근하게 된 이 일터가 너무 소중하고 좋다는 어르신이었다. 잠이 덜 깬 얼굴로 표정 없이 등교하는 어린 학생들의 이름을 불러주며 늘 다정하게 맞이해 주던 분이시다. 이대로 보낼 순 없다.

학생들: 그동안 감사했습니다.

어르신: 너희들이랑 지내면서 내가 많이 젊어진 것 같아. 오히려 내가 고마워!

나: 어르신, 항상 건강하세요.

재민이는 매일 아침 어르신과 뜨겁게 포옹한 후 교실로 들어온다. 수업이 시작되는 줄도 모르고 아침부터 땀을 뻘뻘 흘리며 학교 정원과 운동장을 돌아다니는 지우를 살뜰히 챙겨 교실로 들여보내 주시는 분도 어르신이다. 어르신을 보내며 새삼 생각한다. 혼자서 고군분투한 것처럼 엄살을 부렸지만, 사실은 많은 이들의 도움 속에 1학기를 마무리할 수 있었다. 사람들은 학교에는 선생님들만 근무하는 줄 아는 데 아니다.

맨 먼저, 청소 여사님이 계신다. 예전에는 학생들이 학교 청소를 했지만, 지금은 청소 용역 회사를 통해 고용된 분들이 청소한다. 쉬는 시간마다 점심시간마다 나가 노는 저학년이다 보니 현관과 복도는 모래 범벅이고, 요즘처럼 더운 날에는 음수대 주변이 물바다가 되기 일쑤다. '소꿉놀이' 수업 때였다. '꽃밥', '돌멩이국'만으로는 성에 안 찼는지 어느 순간 학생들이 물을 떠다 음식을 만들었는데 순식간에 음수대 주변이 모래와 진흙 범벅이 되었다. 수업은 마무리해야 하고 음수대를 그냥 둘 수 없어 난감해하던 때에 마침 오셔서 "아이구, 걱정하지 마세요!" 하며 반짝반짝 치워놓으신다.

> 그 아이가 매일 등교할 때 버스에서 부축받으며 내리고, 걸음이 불안정하여 매우 작은 턱도 위태롭게 걸음을 걷는 아이인데
> 오늘은 버스에서 내린 후 버스에서 떨어지려하지 않아서 어디가 아프냐 이름이 무엇이냐...
> 물어도 대답않고
> 바닥에 주저앉는 것을 팔을 잡고 걷게하려 했더니 머리를 내몸으로 대고 말은 없이 자꾸만 엉뚱한곳으로 가려고 해서 아는 선생님 연락처가 달리 없어서 아직 출근 전이실 것 같았지만 전화드렸었는데..
> 바쁜 아침시간에 고생하셨습니다

우리 학교 안전지킴이 어르신으로부터 받은 카톡 내용이다. 어르신은 교장으로 정년퇴임 하시고 학교와 아이들이 너무 그리워 자원한 분이시다. 그

래서인지 쉬는 시간마다 외부 출입문 가까이에서 학생들이 잡기 놀이를 하다 학교 밖까지 달려가지는 않는지, 콩 벌레를 잡겠다고 교문 밖으로 나가지는 않는지, 수업이 시작되었는데도 교실로 들어가지 않은 학생은 없는지 늘 살펴주셨다.

더욱이 지금 근무하고 있는 학교는 개교한 지 오래된 학교라 신설 학교와는 달리 출입문이 여러 곳에 있고, 우리 교실은 여러 출입문과 가까이에 있다. 최근 대전의 한 고등학교 교사 피습 사건도 그렇고 외부인 출입이 여간 신경 쓰이는 것이 아니다. 쉬는 시간이나 점심시간에는 교실이 텅 빌 만큼 바깥 활동을 즐기는 학생들이라 더욱 그렇다. 우리 아이들과 오랫동안 함께하기를 바랐던 어르신은 건강상의 이유로 지금은 그만두었다. 어디 이분들뿐인가? 과학실무원은 전화만 걸면 한걸음에 오셔서 학생이 진정될 때까지 학교 정원과 운동장을 몇 바퀴건 손잡고 함께 걸어주었다. 에고, 2학기가 되면,

'아침 등교 시간에 우리 재민이는 누가 안아 주나?'
'누가 우리 지우를 살뜰히 챙겨 교실로 들여보내 줄까?'

편견과 이해에 대한
단상

예전에, 비엔나미술관에 갔을 때 휠체어에 앉아있는 분이 같이 온 보조인과 저 높은 계단을 한동안 응시하고 있는 것을 보았다. 아… 얼마나 높은가. 40° 정도로 보이는 여러 개의 가파른 계단을 바라보던 그 시선이 내 기억에 멍울로 남았다. 이 사회에서는 주류만이 편하게 살아갈 수 있는 것이 많다. 여태껏 공부한 것 그리고 미술관의 경험과 특수교사가 했던 말을 정리해 보면, 현실의 수많은 공간이 누구에게는 익숙하고 편하지만, 누구에게는 굉장히 낯설고 불편한 공간이라는 사실이다. 주류와 비주류라는 용어는 책 속의 얘기가 아니며 장애인의 문제로 국한되는 것도 아니다. 곳곳에 주류와 비주류의 현실이 널려있다. 더불어 이러한 현실은 교육 현장에서 물리적 폭력으로만 존재하는 것이 아니다.

　IMF 이후 한국 사회는 '개천에서 용이 난다'라는 신화에서 벗어나고 있다. 교육이 개인의 신분 상승에 도움이 안 되고 있다는 것이다. 비정규직은 계속 증가하고 있다. 정규직도 비정규직이 될까 항상 불안에 떨고 있다. 현재 공교육은 어디까지 붕괴하였을까? 최근 서이초 사건은 공교육이 얼마나 처참하게 무너지고 있는지를 여실히 보여준다. 혐오와 배제의 문화는 다른 곳에 있지 않다. 서로를 인정하지 않고, 서로를 경계하는, 오직 서비스로 공교육을 보는 문화는 결국 사회의 공멸로 이어지고 있다. 혐오와 배제의 문화는 결국 서로를 인정하지 않는 편견에서 시작되기 때문이다.

'인간 person'의 어원은 라틴어 'persona'로 외적 인격, 가면이라는 뜻이다. 그리스 연극에서 배우가 쓰는 가면을 뜻한다. 남들에게 잘 보이기 위해 자기를 감추고 가면을 보여준다는 의미이다. 나는 살아가면서 얼마나 많은 거짓말을 하고 살아왔을까. 사람은 태어나면서부터 사람들 속에 있다. 부모, 친구, 직장, 그리고 익명의 사람들 속에서 살아간다. 언제 거짓말을 처음 했는지는 분명하지 않지만 아마도 대상은 부모였을 것이다. 그 이후로 수많은 거짓말을 하며 살아왔다. 앞으로도 하얀 거짓말이든 아니든 그게 최선의 선택이라는 이름 아래에서 이뤄질 것이다. 그러나 인간은 유한한 존재이고 모든 마음을 거짓 없이 표현할 수도, 표현해서도 안 되는 존재로 살아갈 수밖에 없는 건 아닐까. 그래서 어쩌면 이해와 편견은 종이 한 장 차이일 수 있다. 이러한 경계를 오가며 바라보는 일이 좋은 책에서도 사람과의 만남에서 일어날 수 있으며, 나의 노력 누적이거나 찰나의 순간으로 발생할 수 있다.

오래전에 특수 선생님을 만나서 여러 얘기를 나눈 적이 있다. 장애이해교육을 어떻게 해야 하는지, 이 사회에서 '차이'에 대한 관점을 어떻게 아이들에게 설명해 주어야 하는지, 아이들에게 차이에 대한 관점을 어떻게 설명하고 받아들이게 하는지가 고민이었기에 여러 얘기를 나누었다. 특수교사의 10여 년의 경험에 바탕을 둔 이야기는 많은 부분에 있어 나의 차이에 대한 인식에 큰 변화를 주며 나의 무지를 일깨워 주었다. 그러나 지금 그 순간의 자각만이 두근거릴 뿐 기억은 가물거린다. 기억에 남는 특수교사의 말이 있다. "장애를 극복시켜야 하고 극복할 수 있다는 것이 얼마나 웃기는 말인지요. 중요한 것은 장애를 받아들이는 거예요."

이 말을 곧이곧대로 들으면 오해한다. 장애를 맥락에 따라 이해해야 한다는 것. 이것이 중심이다. 그때 운이 좋게도 반성의 찰나를 경험한다고 내 안에 거짓말이 벗겨지는 것은 아닐 것이다. 좋은 시선으로 가꾸어 가는 것은 결국 뒤이은 나의 노력에 달려 있다.

조금
불편하고 다를 뿐

아름다운 기타선율과 함께 배희관 선생님의 노래가 울려 퍼졌다. 어떤 곡이든 신청하면 강의실은 뮤직박스처럼 멋진 공연장이 된다. 관내 교감 선생님을 대상으로 하는 장애공감교육을 진행해 주셨다. 2018년 평창 패럴림픽에서 에일리와 함께 무한궤도의 <그대에게!>로 멋진 무대를 가졌던 그분이다. 기타를 메고 1층 현관 앞에 서 있던 선생님은 나의 오른팔을 붙잡고 2층 강의실로 함께 이동하였다. 무대는 마이크, 기타, 그의 목소리로 단순하게 구성되었지만, 이야기와 함께한 그의 공연은 교감 선생님들의 마음을 따뜻하게 해주었는지 눈물을 훔치는 모습을 뒤에서도 볼 수 있었다. 공연이 끝나고 배희관 선생님을 모셔다드리며 차 안에서 선생님의 여러 가지 에피소드를 들을 수 있었다.

대전맹학교에서 영어를 가르치는 배희관 선생님은 '배희관 밴드'로 프로필을 사용한다. 학생들은 이러한 선생님을 자랑스럽게 여긴다. 학교 급식실 공사 때문에 교실로 식판을 들고 와서 먹어야 했던 적이 있었다고 한다. 처음에는 아이들이 식판을 들어다 주며 선생님을 챙기더니, 나중에는 귀찮아하더라며 웃으며 이야기해 주셨다. 그의 음악 안에는 '다름을 인정하고 모두 동등한 존재로 함께 행복하게 살아나가자'라는 메시지가 담겨있다. 살아가

기 위해 음악을 한다는 선생님은 생각과 철학을 노래하며, 살아갈 에너지를
충전한다.

2019년 4월에 발매된 〈마이너스〉라는 곡의 가사 일부이다.

내가 너무 꼬여있는 걸까
그냥 그렇게 넘어갈 수가 없는데
마이너의 삶이란 게 그런 거라고
웃어넘기라고들 하지만

변하는 건 없을 거라고
그저 속만 쓰릴 뿐일 거라고들 해
남들이 보는 대로 아니 보여주는 대로
그냥 평범하게 볼 줄 알아야 한다고

박수와 환호 속에서
우정과 사랑 근처에
혼자일 뿐인 이들이 있는데

그래 이제 내가 너의 손을 잡고
노래가 있는 곳으로 함께 갈게
이제껏 날 이끌어준 이들 위해
내가 너희들의 소리가 될게

(중략)

그래 이제 우리 모두 손을 잡고
노래가 있는 곳으로 함께 떠나
라라라라 노래와 춤을 추면서
우리 온몸으로 하나의 소리로

경험해 보지 않은 것에 대해서는 함부로 이해하고 공감한다고 말할 수 없다. '박수와 환호 속에서, 우정과 사랑 근처에, 혼자일 뿐인 이들이 있는데' 이 가사가 우리 주변의 장애인이나 소수자들이 가진 현실일 수 있다. '그래 이제 내가 너의 손을 잡고, 노래가 있는 곳으로 함께 갈게' 손을 잡고 행복을 향해 나아가자는 말인 듯하다.

교육지원청에서 6개월 동안 특수교육을 담당하면서, 짧은 기간이었지만 삶의 다양한 모습을 경험하였다. 학습장애로 학교생활이 어려운 친구, 몸을 거동하기 힘들어 특수교육실무원이 온종일 돌봐야 하는 친구도 있다. 유치원생부터 고등학생에 이르기까지 다양한 어려움을 가진 친구들이 많다. 충남학생장애인체육대회가 열리는 날, 아이들은 자신이 연습했던 종목을 선보였다. 조금 불편하고 다를 뿐, 대회를 준비하고 출발선에 서는 긴장감과 우승의 기쁨은 누구에게나 같다.

가족체험 프로그램으로 진행된 '자녀와 기부 Day(기차 타고 부산 가는 날)'는 학부모는 자녀에게, 자녀는 학부모에게 온전히 하루를 기부하며 평소 못했던 대화를 마음껏 나누는 가족소통을 위한 행사였다. 이날 함께한 34팀 중에는 특수교육대상 학생 가정도 5팀이나 함께 했다. 대전에서 부산까지 무궁화 열차에서 레크리에이션을 통해 학부모와 자녀가 소통할 수 있는 프로그램을 가졌다. 아이와 온종일 함께하며 아이의 새로운 모습을 볼 수 있었다는 아버지의 이야기, 처음 기차 타고 계란과 도시락을 먹으며 신났었다는 이야기 등

훈훈한 후기가 가득했다. 지스타컵 2022 LOL 인비테이셔널 행사가 11월 19
일 열려서 평소보다 두 배는 교통체증이 심했다. 예약해 놓은 KTX 열차를
놓치고 60여 명이 부산역 대합실에서 1시간을 기다려 다음 열차를 타는 해프
닝도 있었지만, 참여한 학부모들은 이러한 경험 또한 추억이라며 격려해 주
었다. 장애아와 비장애아 구분 없이 서로가 서로에게 너무 소중한 존재임을
확인하는 시간이었다.

나만의 것과 함께한다는 것의 의미

대다수 사람은 누군가에게 존중받고 적절한 대우를 받을 때 제대로 살아갈 수 있다. 사람은 자신이 무시당하는 경험을 하거나 잘못된 인정을 받을 때 무너지기 쉽다. 사회적 불평등과 사회적 약자에 대한 잘못된 시선은 사람의 정체성을 억압하고 공동체를 냉소적이며 각자도생의 사회로 만든다. 사회적 약자 중에서 가장 약한 존재가 어린이라는 것에 대부분은 동의할 것이다.

필립 아리에스의 『아동의 탄생』[1]은 아동에 대한 존중이 그렇게 오래되지 않았음을 보여준다. 18세기에 이르러서야 아동은 어른과는 다른 순진무구한 존재로 사회에서 인정받을 수 있었다. 그림책은 이런 어린이에 대한 시선의 역사적 변화를 반영하며, 19세기 후반부터 본격적으로 발전하기 시작한다. 한국에서는 2000년대 초반부터 그림책이 대중적으로 주목받았으며 지금, 이 순간에도 무수한 그림책이 쏟아져 나오고 있다. 그림책의 발전은 어린이 세계와 함께한 셈이다.

그림책 『프레드릭』[2]에 나오는 프레드릭을 제외한 들쥐 모두를 일상인이라 할 수 있다. 연예인도 아니고 기예가 출중한 예술가도 아닌, 길을 가다 흔

---

1) 필리프 아리에스, 『아동의 탄생』, 문지영(옮긴이), 새물결, 2003.
2) 레오 리오니, 『프레드릭』, 최순희(옮긴이), 시공주니어, 2013.

히 만날 수 있는 평범한 사람들과 같다. 작가 리오니는 우리 누구나 각자의 빛깔을 가지고 있으며, 상대의 여러 개성을 존중하라고 말한다. 동시에 이러한 감수성은 사람마다 가지는 약함에 대해 따뜻한 시선을 갖추는 것에서부터 시작하는 것이라고도 말한다. 감수성을 기르는 것도 노력해야만 하는 일인 것이다. 프레드릭은 내내 어둡고 추운 겨울을 보낼 들쥐들을 위해 햇살을 모으고 색깔을 모으고 이야기를 모은다. 프레드릭이 그것을 모으느라 얼마나 고생했는지는 천천히 그림책을 읽다 보면 짐작할 수 있다. 그런데 프레드릭도 하나의 들쥐이다. 우리는 모두 그렇게 서로에게 기댄 채로 평범하게 일상을 살아간다.

그림책 『100만 번 산 고양이』[3]에서 강한 자기애로 똘똘 뭉친 고양이는 하양 고양이를 만난다. 그런 존재를 백만 번이나 사는 동안 한 번도 만나지 못한 채로 하양 고양이를 만난 것이다. 저자 사노 요코는 긴 삶에서 삶을 빛내는 것이 오직 나에게만 달려있지 않다고 말한다. 하양 고양이는 주인공 고양이를 있는 그대로의 존재로 인정한다. 다른 존재를 외부적 시선을 제거하고 있는 그대로 보는 일은 어렵다. 백만 번을 사는 동안 고양이는 충분하게 만

3) 사노 요코, 『100만 번 산 고양이』, 김난주(옮긴이), 비룡소, 2002.

족하지 못하였지만, 결국 하양 고양이를 만나서 충만해진다. 충만함은 서로의 노력으로 이루어지는 일이다. 다른 동화에서도 비슷한 이야기를 만난다.

아래는 동화『금두껍의 첫 수업』[4]에서 가장 인상 깊은 부분이다.

"메기는 헤엄치고, 개구리는 폴짝이고, 물방개는 오르락내리락, 나무는 드리우고, 풀잎은 우거지고, 꽃은 피고 하는 거이당?" (49쪽)

저자는 서른 명이 넘는 아이들이 제각각 저마다의 개성을 가진 채 살아가고 있다고 말한다. 당연한 말이지만 학교 교사들은 이 의미를 까먹곤 한다. 메기, 개구리, 물방개이기도 한 아이들이 '하나의 학생'으로 수렴되어 교사에게 인식되곤 한다. 물론 학교교육은 헤엄치는 것만, 폴짝이는 것만, 오르락내리락하는 것만을 가르칠 순 없다. 이건 학교교육의 역설이기도 하다. 아이들은 앞으로 사회 속에서 조화롭게 활동하고, 그 안에서 인간관계를 맺으며 살아야 하기 때문이다. 그래서 그 삶을 위한 기본적인 공통교육과정을 국가로부터 받는다. 그러나 학생 고유의 특성은 그 과정에서 깎여 나간다. 드리

---

4) 김기정, 『금두껍의 첫 수업』, 허구(그린이), 창비, 2010.

우고, 우거지고, 피는 일들은 부차적인 일이 된다. 사회에서 살아가야 한다는 이유로 말이다. 그런데 우리는 학생들이 사회의 공동선을 지키면서도 각자의 개성이 빛나도록 잘 가르치고 있을까? 시민교육은 다양한 타인을 존중하고 함께 하는 것을 가르친다. 누구나 헤엄치고 폴짝이고 싶다. 그러므로 함께 경계를 허무는 일이 시민교육의 할 일이다.

저자는 학교에 처음 가는 아이들의 마음을 다른 글에서도 말하고 있다. 그 두려움, 낯섦은 학교 세계에 첫발을 내딛는 순간, 증폭되거나 축소되어 내 안 어딘가에 남는다. 교사도 마찬가지다. 처음 발령받을 때 기억이 난다. 기억이 내 식대로 재구성된다는 점을 차치하고서라도 당시의 감정은 처음 등교하는 아이들의 느낌과 같았을 것이다. 두려웠고, 낯설었고, 힘이 들었다. 처음 맞이한 학교는(지금도 그러하다) 나에게 헤엄치지 말고, 폴짝이지 말라고 했던 것 같다. 그건 학교 공동체라는 전체의 늪을 흐리는 일이니깐 말이다. 그 안에선 도드라지는 일은 모두라는 이름의 삭막한 '비'에 휩쓸려 버린다. 두꺼비의 늪과는 다르다. 그러나 동화에서의 비는 각 생명의 특유함을 생기 있게 만든다. 교사는 동화 속 비와 같은 존재여야 하는데, 여전히 삭막한 비와 같이 존재하는 것 같다. 살아가야 하니깐.

모두의 냄비

아나톨은 냄비를 가지고 있다. 빨갛고 귀여운 냄비다. 하지만 어쩐지 냄비가 손목에 묶여 있고, 냄비와 함께 서 있는 책 표지의 아나톨은 전혀 행복해 보이지 않는다. 냄비는 어느 날 머리 위로 툭 떨어졌다. 그리고 아나톨의 곁에서 떨어지지 않았다. 불편함이 이만저만이 아니다. 아나톨은 냄비 때문에 실수를 하기도 하고 잘못을 저지르기도 한다. 속상한 마음에 냄비 속에 자신을 숨기기로 한다.

아나톨의 것보다 작은 연두색 냄비-손목에 묶여 있지는 않은-를 가진 사람이 나타난다. 책에서는 '평범하지 않은 사람'이라고 표현한다. 이 사람은 아나톨의 재능을 발견하고 아나톨과 함께하며 아나톨이 조금 더 수월하게 살아갈 수 있도록 작은 도움인 가방도 준다. 그 덕에 다른 사람들은 이제 아나톨의 냄비를 잘 보지 못하지만, 아나톨은 여전히 똑같은 아나톨이다.

『아나톨의 작은 냄비』[1]는 냄비라는 친숙한 소재와 아기 하마가 생각나는 귀여운 인물의 등장으로 누구나 쉽게 이해할 수 있도록 그려낸 책이다. 처음 책을 읽었을 때는 앞으로 사람을 볼 때 냄비를 보지 않아야겠다는 일차원적인 다짐과 함께 마음이 따뜻해지는 것을 느꼈다. 다시 책을 읽었을 때는 좀 더 세부적인 부분에 눈길이 갔다.

---

1) 이자벨 카리에, 『아나톨의 작은 냄비』, 권지현(옮긴이), 씨드북, 2014.

　책 속에서 냄비를 가지고 있는 사람은 아나톨과 '평범하지 않은 사람' 뿐이다. 작가의 말에서 카리에는 '아나톨을 포함한 우리 모두가 저마다의 크고 작은 냄비를 가지고 있는 건 아닐까'라고 이야기한다. 하지만 아나톨에게 도움을 주는 유일한 사람은 결국 냄비를 가지고 있는 '그 사람'이었다. 다른 사람들의 냄비는 모두 어디에 있는가. 숨긴 채 살아가고 있는 것일까.

　'평범하지 않은 사람'은 냄비와 손목을 연결하는 끈이 없었다. 그래서 처음에는 냄비가 없지만 비슷한 작은 것을 만들고, 냄비가 있는 '척'을 하며 아나톨에게 다가간 사람이 아닐까 하고 생각했다. 하지만 아나톨이 가방에 냄비를 넣을 때 끈이 사라지는 것을 보고 어쩌면 '평범하지 않은 사람'은 자신의 냄비를 극복한 사람이겠구나 생각했다. 그렇다면 평범하지 않은 사람만이 냄비를 가지고 있는 사람을 이해할 수 있다는 부분이 이해된다.

　저마다 모두 다른 냄비를 가지고 있는 우리 아이들을 어떻게 하면 각자의 모습 그대로 바라봐 줄 수 있을까 하는 생각이 길게 이어졌다. 교사인 나는 각자의 속도대로 부지런히 성장하고 있는 아이들 곁에서 어떤 일을 할 수 있을까? 나는 나의 냄비를 극복했을까? 냄비에 숨은 아이에게 손을 내밀어 먼저 냄비를 똑똑 두드려주는 단단한 사람이고 싶다. 구석에서 벌을 받고 있던 아나톨의 복잡한 표정이 계속 떠오른다. 나의 냄비는 무엇일까?

완벽한 부모? 선생님?

어느 화창한 날, 부부는 아이 마트로 쇼핑을 하러 간다. 대형광고판과 트럭, 마트의 벽면에 있는 광고는 세일, 무료배송 등을 내세우며 1등 아이 할인점을 자랑한다. 전시된 아이 중, 완벽한 아이를 찾는 뒤프레 부부에게 점원은 인기 있는 모델이라 재고가 하나 남아있음을 강조하며 바티스트를 소개한다.

집에 가는 길, 바티스트는 이에 좋지 않은 솜사탕을 거절하고 밥투정도 하지 않고 잠도 일찍 잔다. 예의 바르고 학교에서도 모범생인 바티스트는 어떤 상황에서도 완벽하다.

아빠가 늦게 데리러 와도, 냉장고가 비어 밥을 못 먹어도, 아빠가 책을 읽다 잠이 들어도 아이는 모든 것을 이해하는 완벽한 아이이다. 그러던 어느 날, 부부는 축제 날로 잘못 알고 바티스트에게 벌 의상을 입혀 보냈고, 바티스트는 학교에 가서 웃음거리가 된다. 아이는 옷을 던지며 집에 와서 화를 낸다. 다음날 부부는 아이를 마트 고객센터에 수리를 맡긴다.

점원: 새 가족이 마음에 드니?

아이: 혹시 저한테도 완벽한 부모님을 찾아주실 수 있나요?

점원: 완벽한 부모라고? 하하! 참 엉뚱한 생각이구나!

『완벽한 아이 팔아요』[1]에 나오는 점원의 반응에서 내 모습을 되돌아보았다. 부모와 아이, 선생님과 학생의 관계에서 나는 아이들과 학생들에게 완벽한 모습을 기대하며 그들을 판단하고 질책해 왔던 것을 부인할 수 없다. 아이들을 존중하고 그들의 이야기를 듣고 소통한다 생각했지만, 그 깊은 곳에는 언제나 나는 권력자로 있었던 듯하다. 아이들이 소비자가 된다면 나는 선택받을 수 있는 부모, 선생님일까? 아이들 눈높이에서 바라본다는 말이 무겁게 다가온다.

'어쩌다 어른'이라는 TV 프로그램의 제목을 보았을 때 너무나 공감이 갔다. 어쩌다, 어쩌다 어른이라 불리게 되었다. 어른은 마치 무엇이든 잘 알고 현명하게 행동하고 책임 있게 살아갈 것 같다. 그럴 리가 있나! 세월이 더할

---

1) 미카엘 에스코피에, 『완벽한 아이 팔아요』, 박선주(옮긴이), 마티외 모데(그린이), 길벗스쿨, 2017.

수록 모르는 것이 더 많아지고, 더 우둔해지고, 책임을 벗어 던지고 싶다. 부모나 선생님의 자리에서 아이들이 바르고 행복하게 자라기를 바란다는 대의를 들이대고, 아이들을 평가하고, 판단하고, 나의 뜻대로 하는 일련의 모든 행동을 멈추어야 한다.

어른이기에 줄 수 있는 도움이 무한한 권력의 빌미가 되지 않도록 경계해야 한다. 그래야 아이가 행복하게 자신의 길을 일찍부터 고민하고 찾아가지 않을까 생각해본다. 권력에 순응하는 것이 습관이 되어 자신을 잃어버리지 않도록, 아이들이 있는 그 자리로 되돌아가는 노력을 매일 매일 게을리하지 않을 것이다.

너는 바로 너라는 거야

마거릿 와이즈 브라운의『중요한 사실』[1], 첫 페이지를 넘기면 선물 포장이 풀리며 안에 검은색 하드커버 ^{hardcover} 의 책이 담겨있다. 주황색 포장지에 담긴 검은 두꺼운 책, 그 안에 담긴 중요한 사실들! '숟가락, 데이지, 비, 풀, 눈, 사과, 바람, 하늘, 신발, 너'에 관한 중요한 사실을 이야기하고 있다. 숟가락으로 밥을 먹는다는 것, 데이지가 하얗다는 것, 비가 모든 걸 촉촉이 적신다는 것, 풀이 초록빛이라는 것, 눈이 하얗다는 것, 사과가 공처럼 둥글다는 것, 바람이 분다는 것, 하늘이 언제나 거기 있다는 것, 신발은 발에 신는다는 것, 너는 바로 너라는 것이 그 무엇보다 중요한 사실이라고 말하고 있다.

> 숟가락에 관한 중요한 사실은 숟가락으로 밥을 먹는다는 거야.
> 숟가락은 작은 삽처럼 생겼고, 손에 쥐는 것이고, 입에 넣을 수 있고,
> 숟가락은 납작하지 않고, 숟가락은 오목하고, 그리고 숟가락으로 뭐든지 뜨지.
> 하지만 숟가락에 관한 중요한 사실은 숟가락으로 밥을 먹는다는 거야.

---

1) 마거릿 와이즈 브라운, 『중요한 사실』, 최재숙(옮긴이). 최재은(그린이), 보림, 2005.

    사람들과의 첫 만남에서 나는 이 책을 읽어주고 중요한 사실에 대해서 이야기를 나눈다. 각자에게 중요한 사실! 살아가면서 다양한 사람들을 만난다. 마치 우리는 그 사람의 겉포장만 살짝 보고, 중요한 사실에는 접근조차 하지 못한다. 오래 만나게 되어 자연적으로 그 사람을 자세히 알게 되면 좋지만, 필요할 때는 이 책을 이용해 서로에 대해 이야기를 나눈다. 이것은 때로 그 사람에게도 자문할 수 있는 기회를 주기도 한다. 나에게 중요한 사실은 무엇인가?

    중요한 사실을 적어보면 내 현재의 상태나 마음, 주변 여건들이 드러난다. 당연한 사실이 나에게는 아주 중요한 사실이었다는 것을 깨닫게 된다. 함께 밥을 먹고, 자고, 평범한 일상이 너무나 소중하다는 것을 깨닫는다. 중요하지 않은 것들이 우리의 삶에 덕지덕지 붙어서, 정말 중요한 것은 잊기도 하고 무시하기도 하고 외면하기도 한다. 관계 속에서 우린 살아있음을 느끼고 의미를 느끼기도 하지만 때로 관계 속에 매몰되어 나를 잃는다. 삶의 군더더기를 자꾸 떼어내다 보면 진짜 귀한 것이 남는다. 그건 바로 '나'이다. 나와의 관계를 올바로 맺어야 '너'와도 행복한 우리가 될 수 있다.

단순한 사물과 자연의 중요한 사실을 이야기하고 있는 이 동화는 우리가 '삶에서 본질을 깨달아야 한다'고 이야기한다. 마지막 페이지의 '너에 관한 중요한 사실은 바로 너라는 거야'의 글처럼 우리는 존재 자체로 소중하다는 것이다. 각자 다른 존재여서 우리는 더욱 빛이 난다. 미래에는 다른 사람과의 소통과 관계 맺음이 더욱 중요하게 될 것이다. 그의 바탕이 되는 것은 각자의 존재를 소중히 여기고 스스로 자신을 존중하는 것이 기본이 될 것이다.

우리는 2반♡

" 우리는 모두 달라요.

그래서 재미있어요. "

2023 성거초 1학년 2반 학생들

PART 2

달라서
아름다운
우리

문화다양성

문화다양성의 보호와 증진에 관한 법률 [1]

제2조(정의) "문화다양성"이란 집단과 사회의 문화가 집단과 사회 간 그리고 집단과 사회 내에 전하여지는 다양한 방식으로 표현되는 것을 말하며, 그 수단과 기법에 관계없이 인류의 문화유산이 표현, 진흥, 전달되는 데에 사용되는 방법의 다양성과 예술적 창작, 생산, 보급, 유통, 향유 방식 등에서의 다양성을 포함한다.

제4조(사회구성원의 권리와 책무) 모든 사회구성원은 문화적 표현의 자유와 권리를 가지며, 다른 사회구성원의 다양한 문화적 표현을 존중하고 이해하기 위하여 노력하여야 한다.

2022 개정 교육과정이 추구하는 인간상 & 핵심역량

▷ 문화적 소양과 다원적 가치에 대한 이해를 바탕으로 인류 문화를 향유하고 발전시키는 교양 있는 사람

▶인간에 대한 공감적 이해와 문화적 감수성을 바탕으로 삶의 의미와 가치를 성찰하고 향유하는 심미적 감성 역량

---

1) 국가법령정보센터, 문화다양성의 보호와 증진에 관한 법률(법률 제 17406호), 2020. 12. 10. 시행.

무표정한 대중의 얼굴들, 하지만 서로를 알게 되면 그리 정다울 수 없다. 알고 나면, 낯선 다름이 새롭고 멋진 문화가 되기도 한다. 세상의 모든 존재는 귀하다. 어느 나라에서 어떤 사람으로 태어났다 하더라도 존재 자체로 존중받아 마땅하다. 이를 전제로 나, 너, 우리와의 올바른 관계 맺기가 다양한 문화를 인정하는 시작이 될 것이다.

문화다양성교육은 다른 문화적인 배경을 가진 개인이나 사회를 이해하고 존중할 수 있는 기초가 된다. 가속화되어가는 세계화, 외국인 주민 증가로 인한 다문화 사회로의 변화는 그 필요성을 더하고 있다. 지역, 민족과 인종, 종교, 세대, 성 등 다양한 문화를 이해하고, 자신과 타인의 문화의 공통점과 차이점을 아는 것이 중요하다. 이를 토대로 문화적 차이로 인한 편견과 차별을 지양하고, 개방적이고 포용적인 자세로 다른 문화를 존중하는 태도가 필요하다. 다른 생활양식에 대해 공감하며 대화와 소통을 자연스럽게 할 수 있는 능력을 길러야 한다. 이를 통해 학생들은 차이와 다양성의 가치를 이해하고 상호 존중하는 문화 속에서 성장할 수 있을 것이다.

나는
어린이입니다

학기 초, 우리 1학년 2반 아이들은 등교하면 인사를 하지 않았다. 드르륵 문을 열고 들어와서는 선생님을 본체만체하고 멀뚱멀뚱 자리에 앉아 있었다. 아이들이 들어올 때마다 눈을 마주치고 이름을 불러주며 "우리 ○○○ 안녕하세요~"하고 내가 먼저 인사도 해봤지만 몇 아이들만 고개를 까딱할 뿐 크게 달라지지 않았다. 아침에 교실에서 친구끼리 마주쳐도 흔한 "안녕!"도 잘하지 않았다. '요즘 아이들은 인사성이 좋지 않군.'이라는 생각이 굳어져 갈 때쯤, 오늘 수업할 입학 초기 적응 교재의 주제를 보니 '바르게 인사하기'였다. 아이들이 입학한 지 셋째 주에 접어드는데 이제야 나타난 주제가 뜬금없었지만, 교재에 있으니 간단하게라도 수업을 진행하고 인사 놀이도 했다.

나: 아침에 교실에 들어오면 먼저 선생님께 인사하고 자리에 앉는 거예요. 같이 해볼까요? 선생님 안녕하세요~.

학생들: 선생님 안녕하세요!

나: 이번에는 친구와 서로 인사하는 놀이를 해볼 거예요. 처음에는 모두 1단계의 인사를 하며 교실을 돌아다니고 친구를 만나면 가위바위보를 할 수 있어요. 이기면 다음 단계의 인사로 넘어갈 수 있고 지면 이전 단계로 되돌아갑니다. 가위바위보는 같은 단계의 친구와만 할 수 있어요. 알겠나요?

학생들: 네~!!!

> 1단계: 안녕! (오른손바닥을 펼치고 흔든다.)
> 2단계: 반가워~ (양 손바닥을 펼치고 흔든다.)
> 3단계: 안녕하세요. (허리를 숙여 인사한다.)

부지런히 교실을 돌아다니며 "안녕!", "반가워!", "안녕하세요."를 외친다. 1년 치 인사는 다 한 것 같다. 즐겁게 마지막 교시를 마무리했다.

다음 날 아침, 대부분 아이들이 "선생님 안녕하세요!"라고 큰 소리로 인사하며 교실에 들어왔다. 전날 수업 시간에 배운 '아침에 학교에 오면 선생님과 친구들에게 인사하며 들어오세요'를 기억한 것일까. 문득 그동안 인사하라는 말을 아이들에게 하지 않았었다는 것이 떠올랐다. 기본적으로 당연히 알 것이라고, 선생님이 먼저 인사하면 알아서 눈치껏 따라서 하리라 생각했던 내 모습도 겹쳐 떠올랐다.

우리 학교는 점심 급식마다 과일, 주스 등 후식 메뉴가 나온다. 식사를 충분히 한 후 달콤한 것을 마지막에 먹으라는 뜻을 담아 "과일이나 빵, 주스는 밥 다 먹고 먹어요"라고 늘 안내했다. 이 말이 불러올 파장을 그땐 알지 못했다.

점심시간 도중 시끌시끌해졌다, 가람이가 중간에 딸기를 먹었다는 것이다. 다가가 식판을 살펴보니 정말 음식이 남아있다. 가람이는 당당했다. "선생님! 전 밥을 다 먹었는데요?" 정말 '밥'만 다 먹었다. 오히려 옆에 앉은 나람이는 밥도 다 안 먹고 딸기를 먹었다며 선생님이 어서 보라고 난리다. 나람이 식판을 살펴보니 밥은 조금 남겼지만, 식사가 끝났기 때문에 딸기를 먹은 것이다. 나람이는 무엇이 잘못되었냐는 표정으로 어깨만 한번 으쓱해 보인다. 선생님이 이야기한 '밥'은 식사를 의미하는 것이며, 후식은 자신의 식사 순서에서 가장 마지막에 먹으라는 뜻이었다고 구구절절 다시 전체에게 안내한 후에 자리로 돌아왔다. 모든 아이들이 다 먹고 밖으로 나갔는데, 아람이가 아직 의자에 앉아서 식판을 바라보고 있다.

나: 아람아, 왜 그래?
아람: 마지막으로 딸기를 먹었는데, 남은 고기 먹어도 돼요…?

아이들은 어른들이 생각하지 못한 곳에서 기발한 창의력을 뿜어내기도 하지만, 반대로 어른들이 당연하게 여기는 것을 생각해내지 못하기도 한다. 그렇기 때문에 하나하나 정확하게 '알려주는' 것이 필요하다. 우리도 부모님과 선생님 등 수많은 어른들의 노력으로 지금의 우리가 된 것을 잊지 말아야 한다. 당연히 알 것이라 생각하는 기초적인 것부터 차근차근 안내해주고, 아이들이 성장했으면 하는 방향으로 꾸준히 이끌어주는 것이 절실하다. 아이들의 습득 속도는 상당히 빨라서 눈높이에 맞춰 충분히 설명해 주면 쏙쏙 잘 이해한다.

매년 새로운 아이들을 만날 때마다 가장 중요하게 진행하는 수업은 '나'에 대해 알아보는 수업이다. 프로젝트 형식으로 한 학기 전체에 걸쳐 길게 이어 나간다. 나는 어디에서 왔으며, '나'라는 사람을 특징짓는 것은 무엇인지 생각해본다. 내가 무엇인지 나의 존재에 대한 개념이 바로 서야 우리 가족, 우리 마을, 우리나라라는 공동체로 자연스럽게 나아갈 수 있기 때문이다.

과연 '나'는 무엇일까. 우선 『나는 어린이입니다』[1] 책을 함께 읽는다. 이야기는 숲속에서 만난 양이 레오나르에게 하는 질문으로 시작한다.

양: 안녕! 미안한데 너는 뭐니?

---

1) 콜라스 귀트망, 『나는 어린이입니다』, 강인경(옮긴이), 델핀 페레(그린이), 베틀북, 2012.

레오나르: 무슨 말이야? 내가 뭐냐니?

양: 너는 무슨 동물이냐고

레오나르: 나는 동물이 아니야. 나는 레오나르야.

양: 너는 어디에 써?

기나긴 고민 끝에 레오나르가 대답한다.

"나는 어디에도 안 쓰이는 것 같아."

아이들이 분노한다.

아람: 왜 저렇게 대답해요?

은주: 할 수 있는 게 얼마나 많은데!

형석: 양은 털이랑 고기 밖에 없잖아요.

뒤이어 레오나르는 자신을 무시하는 동물들 앞에서 자신이 할 수 있는 것들을 이야기한다. 학교에서 배운 지식을 쭉 늘어놓기도 하고, 공부도 심부름도 할 수 있다고 한다. 우리 반 아이들이 이야기한 것처럼 말이다. 하지만 숲 속 동물들은 그게 다 무슨 쓸모가 있냐며 무시하고 오히려 레오나르를 불쌍히 여긴다. 레오나르를 속여 늑대 먹잇감으로 데려가기도 한다. 그러나 늑대는 레오나르가 항생제와 성장 촉진 호르몬으로 오염되었다며 상한 도시 아이 먹기를 거부하고, 늑대에게조차 쓸모없어진 레오나르는 크게 절망한다.

엄마는 이렇게 말한다.

"어린이는 뭔가에 쓰이는 게 아니야. 물건처럼 딱 한 가지 정해진 쓰임새가 있는 것이 아니라 어린이는 무한한 가능성이 있단다. 무엇이든 될 수 있지. 그리고 너는 세상에서 가장 중요하고 가치 있는 일을 하고 있단다. 그건 바로 네가 엄마 아빠의 행복이라는 거지. 네가 있어서 엄마 아빠는 매일 웃고 매일 행복하거든. 지금은 그것만으로도 충분하지 않을까?"

아이들은 이야기의 결말이 마음에 들었나 보다.

지연: 선생님, 감동 받았어요.
시우: 마지막에 행복하게 끝나서 좋아요.
서진: 저는 잘 태어난 것 같아요!
나: 얘들아, 이 세상에 '나'라는 사람은 몇 명일까?
학생들: 1명이요!
나: 지구 어딘가에 나와 똑같은 사람이 또 있을 수 있지 않을까요?
하나: 하지만 저처럼 생긴 얼굴에, 이름은 김하나이고, 치킨을 좋아하고, 그림을 잘 그리고, 아빠 이름이 김석현인 아이는 저밖에 없어요!
나: 맞아요. 이 세상에 나 자신은 딱 한 명이에요. 하나가 발표한 것처럼 어떤 사람을 '나'라고 할 수 있는지 각자 생각해볼까요?
소영: 갑자기 제가 엄청 소중한 사람이 된 것 같아요.

시간이 흘러 6월의 어느 날. 초등학교 입학 100일을 축하하며 간식을 함께 나누어 먹고 『진정한 일곱 살』[2]을 함께 읽기로 했다. 다들 일곱 살 때 읽어 봤다면서 저마다 이야기한다.

영주: 저 이거 애기 때 다 읽었어요. 다 알아요!

---

2) 허은미, 『진정한 일곱 살』, 오정택(그린이), 만만한책방, 2017.

선화: 여덟 살인데 왜 일곱 살 책을 읽어요?

아람: 와, 옛날 생각난다~

다 읽은 후에는 책에서 나온 진정한 일곱 살이 해야 하는 것 중 지금 몇 개나 할 수 있는지 물어본다. 당연하게 모두 할 수 있다는 아이들도 있고, 아직 몇 개는 어렵다는 아이들도 있다.

나: 책에서 나온 것처럼 진정한 일곱 살이 되지 않았었다면 진정한 여덟 살이 되면 되고, 지금 진정한 여덟 살이 되지 않았다면 내년에 진정한 아홉 살이 되면 됩니다. 중요한 것은 내가 어제보다 좀 더 자랐다는 거예요. 그렇다면 여덟 살이 된 지 100일 된 오늘의 여러분이 생각하는 '진정한 여덟 살'은 무엇을 할 수 있어야 할까요?

아영: 강아지를 잘 키울 거예요.

서영: 동생이랑 싸우지 않아요.

민수: 엄마 말을 잘 들어야 해요.

나: 지금 발표한 것 중 한 가지를 골라 종이에 쓰거나 그림으로 표현해보세요. 완성된 다짐은 교실 뒤 게시판에 전시하고 앞으로 함께 살펴보며 기억해봅시다.

다른 학년의 아이들을 만날 때도 100일이 되면 이 수업을 한다. 지금 자신의 나이에 대해 생각해보고, 스스로 어떤 일을 할 수 있어야 진정한 내가 될 수 있을지 다짐하고 친구들 앞에서 선언한다. 그다음에는 좀 더 먼 미래를 떠올려보게 한다. 매일 매일의 내 모습이 쌓여 미래에 나는 어떤 어른이 되고 싶은지 상상해보는 것이다.

어릴 때는 어른이 되면 모두 무엇인가가 되는 줄 알았다. 만나는 어른마다 "네 꿈은 뭐니?"라고 물어봤기 때문이다. 그때마다 "선생님이요."라고 했던 것 같다. 그러면 "훌륭하다."라는 대답을 들었다. 늘 반복되는 질문과 대답이 지겨웠다. 어른들이 대체 왜 꿈을 물어보는 건지 이해도 되지 않았다. 우리 반 아이들에게도 '커서 뭐가 되고 싶냐'고 물어보면 아이돌, 목사, 경찰관 등 단편적인 직업 이름만 이야기한다. 아직 직업 이름을 잘 모르기도 해서 다양한 대답이 나오지 않는다. 12명의 여학생 중 무려 9명의 꿈이 아이돌이다.

꿈이 선생님이라고 말하던 나는 진짜 선생님이 되었고, 지금의 나는 아이들에게 이렇게 이야기한다.

"어른이 된다고 꼭 무엇이 되는 것은 아니에요. 그래서 내가 나중에 무엇인가
가 되지 않을 수도 있고, 그래도 괜찮아요. 하지만 어른이 되면 내 힘으로 할
수 있는 것이 더 많아집니다. 오늘 함께 읽을 책『내가 어른이 되면 말이야』[3]의
주인공 구스타브는 어른이 되면 하고 싶은 일이 참 많다고 해요. 함께 읽어보
겠습니다."

책을 펼치면 학교에 지각한 구스타브가 등교하며 마주치는 다양한 장면 속에서 어른이 되면 하고 싶은 일들을 상상하는 이야기가 시작된다. 연못을

---

3) 게턴 도레뮈스, 『내가 어른이 되면 말이야』, 강효숙(옮긴이), 걸음동무, 2006.

보며 커다란 배를 만들고 싶다고 이야기하고, 오리와 대화할 수 있는 기계도 만들고 싶다고 이야기한다. 어른들이 가득한 혼잡한 거리를 걸으며 나중에 꼭 어린이들만 다닐 수 있는 작은 길을 만들겠다고 다짐도 한다. 어린아이의 시점에서 어른이 되면 하고 싶은 다양한 일을 묘사하여 읽는 재미가 있다.

나: 구스타브는 하고 싶은 일이 정말 많았지요. 여러분은 어른이 되면 무엇을 하고 싶나요?

직업 이름만 말하던 전과 달리 다양한 대답들이 나온다.

수하: 우주여행을 하고 싶어요.
정현: 좀비와 맞서 싸울 거예요!
로하: 그럼 저는 악당을 물리칠 거예요!
지연: 엄마처럼 운전해서 캠핑 가고 싶어요.
수비: 어른이 되면 잠수해서 물고기를 볼 수 있을 것 같아요.
예은: 저는 담배 피지 않는 것을 할 거예요. 우리 아빠는 제 말을 안 들어주거든요.

이런 일도 있었다.

호연: 저는 뽀로로가 될 거예요. 노는 게 제일 좋아요.
성주: 야! 그건 만화 속에만 있는 거잖아. 어떻게 되냐?
호연: 그럼 뽀로로 옷을 입고 인형 탈 알바를 할래요.
성주: 그때도 아이들이 뽀로로를 알까?
호연: 그냥 내가 하고 싶은 건데 뭐 어때?

좀비와 맞서 싸우기

　내가 어디에서 왔고, 지금 무엇을 하고 있으며, 앞으로 어떤 삶을 살고 싶은지 고민해보고 생각을 정리해 보는 과정은 아이들에게도 필요하다. 최근에 만난 아이들은 신기하게도 수학보다 국어를 더욱 힘들어한다. 수포자라는 말은 들어봤어도 국포자라는 말은 들어본 적이 없는데. 질문에 대한 자신만의 답을 찾는 것에 어려움을 느끼고 선생님이나 친구들의 생각을 그냥 따라 적으려고 한다. 자기중심적으로 자신의 욕구에 따라 세상을 바라보지만, 정작 아이들 속에는 자신만의 알맹이가 없는 것이다. 하지만 나 자신이 바로 서지 않으면 무엇도 할 수가 없다. 아이들이 앞으로도 잊지 않고 살아갔으면 좋겠다. 매일 아침 하루 열기 시간에 함께 외치는 구호가 새롭게 다가온다.

　"나는 세상에서 제일 아름답고 소중한 ○○○입니다."

문화에
스며들다

대학교 4학년이 되던 해, 나는 필리핀 어학원으로 1년 동안 자원봉사를 갔다. 비행기 푯값만 달랑 가지고 몸담고 있던 기독교 동아리에서 운영하는 어학원으로 향했다. 비행기에서 내려 공항을 나오자 느껴지는 훅 들어오는 더위, 필리핀의 첫인상은 아름다운 자연, 자유로운 도로였다. 트라이시클 기사가 관광객인 줄 알고 바가지를 씌우려고 하면 현지인처럼 냉정한 얼굴을 하고 제값을 건네던 즈음에는, 게이가 운영하는 미용실에도 아무렇지 않게 드나들게 되었다. 버스 안에서 타갈로그어로 어느 정도 낯선 이와 대화가 될 즈음엔, 초대받은 집에서 손으로 음식을 입에 넣어 먹는 것도 어색하지 않았다.

　문화는 삶에 스며드는 것이라는 것을 그때 자연스럽게 몸으로 느꼈다. 지금도 낯선 사람을 만나면 자연스레 시간을 두고, 그를 알아가고자 서로가 서로에게 스며들게 놔둔다. 그 안에 서로의 이야기를 내어놓는 시간, 밥을 먹고, 함께 일상을 살아가는 시간이 있다. 충남외국어교육원에서 2년 동안 파견교사로 근무할 때에는 10명의 다양한 국적의 원어민 선생님들과 함께 생활했다. 미국, 캐나다, 호주, 남아프리카공화국 등 여러 국적을 가진 선생님들과 함께 일을 하며 문화에 스며들 기회를 얻었다. 영어교사 연수 중 뉴질랜드 초등학교에서 일주일간 수업을 도우며 참관할 수 있는 시간이 있었다.

아이들에게 한국 전통 놀이인 실뜨기를 가르쳐 주기도 하고, 뉴질랜드 초등 학교의 학교문화를 알아가는 소중한 기회가 되기도 하였다.

　학교로 복귀하면서, 5학년 영어전담교사를 맡았다. 아이들에게 다양한 문화를 어떻게 접하게 할까 고민이었다. 영어 그림책을 통해 아이들과 다른 나라의 문화를 많이 접할 수 있도록 교육과정을 재구성하여 수업을 하였다. 학생들의 일과를 묻는 'I Get Up at Seven' 단원에서는 『This is How We Do It(일곱 나라 일곱 어린이의 하루)』[1]라는 책으로 수업을 하였다. 실제 7개국의 일곱 어린이의 생활과 문화를 그대로 반영하여 그림책으로 만들었다. 글로벌 시민교육과 관련하여 아이들의 시선을 좀 더 넓혀 같은 나이 아이들의 다른 문화와 생활양식을 마주하게 되면 아이들이 자신을 이해하는 데 더 도움이 될 것 같았다. 이 동화는 영어로 된 원본 동화를 통해 영어 시간에 학생들과 다양한 형태의 수업을 진행하였다.

---

1)　Matt Lamothe, 『This is How We Do it』, Chronicle Books, 2019.

　수업 준비를 위해 자료조사를 하면서, 우간다에 있는 아이는 6시에 잠에서 깨어 물을 떠 온 후 등교를 한다는 사실을 알게 되었다. 내가 찾은 자료의 아이는 우물 사업이 된 곳에 살기 때문에 30분 정도 시간이 걸리지만, 일반적으로 2시간이 걸려 물을 구하러 가는 친구가 있다고 한다. 아이들은 다른 나라 친구들이 참 부지런하다며 자신의 일상을 되돌아보기도 하였다. 희귀동물에 관한 주제가 나올 때는 『The Seven Continents』[2] 책을 통해 아이들과 7대륙의 희귀동물이나 멸종동물을 알아보았다.

　『If the World Were a Village(지구가 100명의 마을이라면)』[3]에서는 지구를 100명이 사는 마을이라 가정하고 인구, 언어, 종교, 환경오염 정보 등 다양한 정보를 많이 담고 있어 쉽게 세계를 이해할 수 있도록 내용이 구성되어 있다. 아이들은 다양한 나라, 각자 다른 삶의 모습을 보면서 우리의 모습과 다르지만 모두가 같은 사람이라는 것을 느꼈다. 마이클 잭슨의 〈Heal the World〉 뮤직비디오에는 각국의 아이들이 등장한다.

2) Will Mara, 『The Seven Continents』, Scholastic, 2003.
3) Smith, David J, 『If the World Were a Village』, A&C Black Children's, 2004.

Heal the world

Make it a better place

For you and for me, and the entire human race

세상을 치유해요

더 나은 곳으로 만들어요

당신과 나,

전 인류를 위해서

　학생들이 영어 동화책을 매개로 다양한 문화의 모습을 접하고 우리와 같거나 다른 점을 느낄 수 있도록 수업의 방향을 정하였다. 공감하는 부분을 점차 확대하여 자연스럽게 다른 나라의 문화를 존중하는 마음을 가지도록 하고자 하였다. 그 존중의 마음을 시작으로 세계를 둘러싼 환경, 빈곤, 차별 등 다양한 주제에 접근하도록 하였다. 문화는 국가와 국가 간의 차이만 있는 것이 아니고, 개인과 개인 간에도 문화의 차이가 있다. 서로가 자라 온, 살아온 배경이 다르기에 그를 둘러싼 그의 형편과 처지, 환경에 따른 문화가 있다. 각자의 문화를 이해하고 공감하고 존중할 때, 비로소 소통이 이루어지는 것이다.

　다양한 문화에 대한 노출은 아이들의 이해에 대한 폭을 넓혀준다. 나의 문화, 너의 문화, 우리의 문화에 서로 스며들어 서로 공감하고 소통하는 행복한 사회가 되기를 바란다. 갈등은 깊어짐을 위한 것이면 좋겠다. 함께하는 공간은 필연적으로 갈등이 존재한다. 이러한 문화적인 차이로 인한 갈등을 현명하게 풀어나갈 수 있는 힘을 길러주고 싶다.

다르지만
하나

점심시간에 급식을 먹다가 앞에 앉은 민아가 말을 꺼냈다. 민아는 위로 언니가 둘 있는 막둥이다.

> 민아: 선생님은 제가 막내인 줄 알았죠?
> 나: 음, 민아가 셋째 아니었나?
> 민아: 셋째는 맞아요. 그런데요. 동생이 또 있어요.

아! 동생이 태어났구나! 싶던 찰나,

> 민아: 그런데요. 같이 살지는 않아요.

섣불리 동생이 생겨 축하한다는 말을 꺼내지 않길 잘했다. 역시 아이들의 말은 끝까지 들어봐야 한다.

> 민아: 동생은 둘째 아빠네서 살아요. 귀여워요.
> 나: 민아한테 동생이 있었구나. 민아는 언니들도 있고 동생도 있어서 좋겠다.
> 민아: 네! 좋아요. 저는 아빠도 두 명이에요! 우리는 가족이 많아요.

최대한 덤덤하게 대답해본다. 민아는 다시 즐겁게 밥을 먹는다. 관계가 좋은 편인가보다. 휴, 다행이다. 자신의 개인정보를 필터 없이 들려주는 아이들 덕분에 알아야 할, 혹은 알지 않아도 되는 가족사까지도 많이 듣게 된다. 꼭 끝까지 듣고 조심히 반응해야 한다. 보통은 "그래. 그렇구나."라고 간단히 대답하고 넘어간다. 선생님의 한 마디, 한 마디가 중요하기 때문이다. 특히 저학년일수록 더욱 세심하게 신경 써야 한다. 무심코 뱉은 말로 인해 이런 일도 발생할 수도 있다.

> 나: 지금 받은 안내장은 꼭 엄마 보여드리고 내일까지 써서 가져오세요.
> 주연: 선샘미(선생님) 저는 엄마 없어서 못 보여드려요.
> 서희: 할머니 보여드려도 돼요?
> 유정: 우리 엄마는 이거 못 읽는데….
> 민우: 엄마 말고 이모한테 써 달라고 해도 돼요?

아뿔싸. 습관처럼 엄마라고 해버렸다. 이전에 근무했던 학교는 아이들의 가족 형태와 생활환경이 비슷해서 신경 쓴 적이 없었던 부분이다. 다시 말을 정정한다.

> 나: 선생님이 자세히 얘기하지 않았네요. 같이 사는 엄마, 아빠, 할머니, 할아버지, 이모, 삼촌 아니면 복지관 선생님 등 나를 가장 가까이에서 돌봐주시는 어른이면 모두 됩니다. 알겠나요?
> 학생들: 네~!

이제야 대답 소리가 경쾌하다. 학기 초에 이렇게 몇 번을 하고 나니 이제는 "안내장 써서 내일까지 가져오세요."만 이야기해도 무슨 의미인지 알고 척척 해온다. 하지만 아직도 가끔은 "고모 보여줘도 돼요?"라는 학생들이 있다.

가족은 아이들의 삶과 가장 가까이 맞닿아 있는 공동체, 아이들의 삶 그 자체이기 때문에 수업의 소재로 자주 사용된다. 우리 집을 그려 발표하기도 하고 주말에 가족과 함께 있었던 일을 나누기도 한다. 『안돼!』[1] 그림책을 읽고 '집에서 가족들이 내게 가장 많이 하는 말'을 주제로 이야기하며 서로 공감도 하고, 친구들에게 자신의 가족을 소개하며 서로의 '삶'을 공유한다. 우리 가족이 아닌 '다른' 가족의 이야기를 들으며 아이들은 가족 간의 공통점과 차이점을 발견하고 흥미로워한다. 서로의 다름을 이해하는 중요한 첫걸음이다.

어느덧 한낮 기온이 30℃까지 오르는 날씨가 되면, 『여름』 교과서를 꺼낼 때가 다가왔다는 뜻이다. 교과서 첫 장을 펴 본다. 각자 가족사진을 준비해 친구들과 함께 보며 이야기 나눠야 한다. 일단 가족사진이 없을 것 같은 아이들이 머릿속에 스쳐 지나간다. 걱정이 앞선다. 이 학교에서 1학년을 오래 맡은 옆 반 선생님에게 도움을 청한다.

나: 선생님, 여름 교과서 첫 시간에 아이들한테 가족사진 가져오라고 하시나요?
옆 반 교사: 아니요, 이 동네에서는….
나: 그렇죠? 저도 걱정돼서요. 그럼 이번 가족 단원은 어떻게 준비하세요?
옆 반 교사: 작년에는 자신의 가족 구성원 이름과 호칭 알아보는 수업이랑 상상 가족사진 전시회 중심으로 골라서 수업했어요.

옆 반 선생님의 흐려지는 말끝의 의미를 바로 파악했다. 역시 교과서대로 수업하기에는 무리가 있었다. 하지만 세상에 상상 가족이라니. 짧은 교직 경력이기는 하지만 그동안 가족을 주제로 다양한 수업을 해 봤는데 상상 가족이라는 말은 정말 상상도 하지 못했다. 낯설다. 가족을 상상해야 한다는 생

---

1) 마르타 알테스, 『안돼!』, 이순영(옮긴이), 북극곰, 2012.

각에 왠지 슬픈 마음도 든다. 아이들의 실제 가족을 소재로 다루면 흥미와 참여도를 더 끌어올릴 수 있지만, 현 상황에는 무리가 있어서 옆 반 선생님의 조언대로 수업을 준비한다. 아이들은 과연 어떤 가족을 상상할까. 지도서를 참고해 여러 사람이 들어있는 사진 자료를 인쇄해두었다.

수업 당일.

나: 이번 시간에는 상상 가족 전시회를 해볼 거예요. 상상이 무엇인가요?

민주: 진짜 있지 않아도 생각하는 거요.

유빈: 머릿속에서 떠올리는 거예요.

나: 맞아요. 실제 우리 가족이 아니라 내가 만들고 싶은 가족으로 마음대로 만들어볼 거예요. 선생님이 나눠주는 종이에서 원하는 사람들을 오려 자신만의 상상 가족을 꾸며봅시다.

자료를 살펴보던 아이들의 질문이 쏟아진다.

시영: 선생님, 우리 아빠를 누구로 할지 모르겠어요.

호연: 우리 형아도 꼭 있어야 해요?

현수: 선생님 우리 할아버지는 하늘나라 가셨는데 어떻게 해요?

자신의 가족을 중심으로 생각하기 때문에 자신의 가족을 기준으로 두고 만드는 것이다.

"이건 상상이니까 하고 싶은 대로 자유롭게 해보세요."

여러 번의 피드백을 거쳐 아이들이 조금씩 '상상'의 개념을 이해하게 되자 다양한 가족들이 나오기 시작했다. 모두 똑같이 엄마, 아빠, 나, 형제자매로 구성된 가족을 꾸밀 것이라는 나의 예상과 달리, 아이들은 편견 없이 정말 다양한 가족을 만들어냈다. 작은 도화지 안에 오밀조밀 이야기를 넣어서 말이다. 할머니만 혼자 있는 가족, 나와 아빠와 삼촌이 함께 사는 가족, 나와 언니만 함께 사는 가족, 그리고 할머니부터 사촌 동생 모두가 함께 사는 대가족까지. 다양한 가족 형태의 예시가 모두 만들어졌다. 교실 앞에 쭉 전시해놓고 아이들과 이야기를 나눈다.

나: 여러분이 상상한 이 다양한 가족들은 사실 상상 속에만 있는 것이 아니라 모두 실제로 있는 가족의 모습들이에요.

수진: 맞아요, 선생님. 민정이가 상상한 가족은 진짜 제 가족이랑 닮았어요.

민정: 난 내가 생각한 거야. 난 너희 가족 몰라.

수빈: 선생님, 근데 지연이가 만든 가족은 엄마가 없는데요.

영수: 엄마가 회사 간 거 아니야?

지연: 아니야, 내가 빼고 상상한 거야.

나: 맞아요. 엄마랑 같이 살지 않는 가족도 있어요.

상상에서 출발한 가족의 모습이 모두 존재할 수 있으며 가족의 형태에는 맞고 틀린 것이 없다는 것을 아이들이 스스로 깨닫게 되었다. 모든 가족 형태를 인정할 수 있게 된 것이다. 그랬더니 서로 자신의 진짜 가족에 대해 소개하고 싶어 하는 모습을 보였다.

선현: 우리 가족은 모두 낚시를 좋아해요.

윤경: 우리는 학교 안 가는 날 다 같이 집에서 있어요.

진희: 다음 주에 가족끼리 캠핑 가기로 했어요.

영수: 우리 할머니는 저를 볼 때마다 똥강아지라고 해요.

다음날, 이번에는 자기 가족 얼굴을 색종이로 접어 나무에 붙이는 가족 나무 만들기 수업을 했다. 실제 가족을 만들도록 하되, 가족이 너무 많아 힘든 경우에는 나무에 붙이고 싶은 사람만 만들어 붙이라고 안내했다. 아이들은 신중하게 색종이를 고르고 얼굴을 그려 가족 나무를 만들었다. 수업이 한창인데 효준이가 말을 꺼낸다.

효준: 그런데요, 선샘미.

나: 왜 그러니?

효준: 우리 콩이도 가족인데 접어도 돼요?

민철: 야, 사람만 하는 거지.

효준이의 말에 민철이가 대신 대답한다. 콩이는 효준이네가 키우는 반려견의 이름이다. 가족의 범위도 달라졌음을 느낀다. 동물까지 자신의 가족으로 생각하는 아이들이 많아졌다. 집에서 기르는 반려동물이 있는 경우에는 꼭 빼놓지 않고 가족 구성원에 포함해 함께 이야기한다. 식물까지 포함해 말하기도 한다.

"동물이나 식물을 가족으로 생각하는 사람도 있고 그렇지 않은 사람도 있어요. 정답은 없어요. 내가 생각한 대로 해봅시다."

새로 발령받은 학교는 아이들의 가족 형태가 참 다양하다. 스무 명 남짓 되는 우리 반만 해도 그렇다. 가족 소개하기 수업을 하면 일반적으로 생각해오던 '아빠, 엄마, 형제자매, 나'의 구성이 아닌 경우를 쉽게 발견할 수 있다. 내가 어렸을 때를 생각해보면, 아니 좀 더 최근의 사례인 이전에 근무하던 학교를 떠올려보면 또래 친구들 사이에서 제법 주목받았을 법한 이야기들이 여기에서는 꽤 자연스럽게 지나갈 때도 있다. 어릴 때부터 한동네에서 자란 친구들 사이에서는 서로 더 익숙해서인지 자신의 이야기를 좀 더 편하게 하고, 듣는 친구들도 편하게 받아들이는 모습을 볼 수 있다.

아이들이 상상한 다양한 가족처럼 이제는 어느 형태의 가족도 존재할 수 있다. 개별 가족은 마땅히 가족으로서 존중받을 수도 있어야 한다. 할아버지의 할아버지의 할아버지부터 연결되어 있지 않아도 가족일 수 있다.

가족 소개하기 수업이 끝났지만, 아직도 아이들은 할 말이 많이 남았나 보다. 동생이 아팠던 얘기부터 먼 사촌 언니의 이름까지 들려준다. 한바탕 가족 이야기를 또 나누고 올바른 친척 호칭 알아보기 수업으로 넘어간다. 여기서 아이들이 가장 헷갈리는 부분이 등장한다.

소영: 우리 엄마는 친구들이랑 가족이에요?
나: 소영아, 어떻게 엄마가 친구들이랑 가족이지?
소영: 저는 이모가 완전 많은데 엄마 친구래요! 쌍둥이인가?

하하 그렇지. 엄마 친구들을 이모라고 부르기도 하지. 우리는 가족 간에 사용하는 호칭을 일상생활에서 꽤 자연스럽게 사용하고 있다. 식당이나 상점 혹은 낯선 사람이지만 친근하게 부르는 모든 상황에서 서로 부를 때 '언니, 이모, 삼촌' 하기도 한다. 사장님, 아줌마, 아저씨 등으로 부를 수도 있겠지만 가족 호칭을 사용하면 훨씬 친근하게 느껴진다. 이건 아이들이 더 크면 알게 될 것이다.

가족 하나만으로도 앞으로 해야 할 수업이 참 많다. 아이들이 이번 '우리는 가족입니다' 단원을 통해서 내가 어떠한 한 가족에 소속되어 있다는 안정

감과 다른 가족을 이해하고 존중하는 마음을 키웠으면 좋겠다. 이모가 없다고 놀리지는 않는 것처럼 엄마가 없다고 놀리지 않았으면 좋겠다. 특정 가족 구성원이 없을 수도, 더 많을 수도 있다는 사실을 기억하는 어른으로 자라길 바란다. 이 지구에 살고 있는 우리는 모두 다르지만 하나의 큰 가족이니까.

우리는
가족입니다

5월은 실로 가정의 달이 맞다. 1학년 교과서『여름』첫 단원은 '우리는 가족입니다'로 '가족'과 '친척'을 주제로 구성되어 있다. 어제까지는 가족사진을 보면서 이야기를 나눴고, 오늘부터는 가족 소개 카드 만들기, 가족의 특징을 살려 그리기 등 가족 관련 다양한 활동을 한다. 다음으로는 가족 행사 조사하기와 가족과 친척에게 고마움과 소중함을 다양한 방법으로 표현하기 등이 기다리고 있다.

교과서에서 직접 다루지 않지만, 가족을 공부할 때는 여러 이유로 엄마, 아빠, 혹은 부모와 따로 사는 아이들이 상처받는 일이 없도록 해야 한다. 또한 부모의 재혼으로 인한 새로운 가족 속에서 어려움은 없는지, 매를 맞거나 방치되고 있는 아이는 없는지 세심하게 살펴봐야 한다. 그럴 때 그림책은 내게 큰 도움을 주는 수업자료다.

『우리 엄마』, 『우리 아빠』

가족 그림책 수업의 첫 시작은 언제나 앤서니 브라운의 그림책『우리 엄마』[1]와 『우리 아빠』[2]이다. 『우리 엄마』와 『우리 아빠』를 읽고, 엄마 책, 아빠

---

1) 앤서니 브라운, 『우리 엄마』, 허은미(옮긴이), 웅진주니어, 2005.
2) 앤서니 브라운, 『우리 아빠』, 공경희(옮긴이), 웅진주니어, 2019.

책을 만든다. 엄마와 아빠가 좋아하거나 잘하는 일을 그리고, '우리 엄마(아빠)는'으로 시작하는 한 문장을 쓴다. 마침 국어 교과서에서는 그림에 어울리는 문장 만들기를 공부하고 있을 때라 안성맞춤이다.

『따로 따로 행복하게』

그림책『우리 엄마』,『우리 아빠』와 짝을 이뤄 꼭 함께 읽는 책이 부모의 이혼을 다룬 그림책『따로 따로 행복하게』[3]이다. 올해 우리 반은 이런저런 이유로 부, 모, 부모와 따로 사는 학생들이 13명 중 4명이다. 다음은 가족사진 발표 시간 중 친구의 기습 질문에 대한 답이다.

호윤: 가족사진에 아빠는 왜 없어?
은하: (별일 아니라는 듯) 응. 우리는 아빠랑 따로 살아.

그런 날은 책꽂이에서『따로 따로 행복하게』를 꺼내 아이들과 함께 읽는다. 읽고 나서는 '마음 카드'를 하나씩 고르게 하고, 이유를 묻는다.

---

3) 배빗 콜,『따로 따로 행복하게』, 고정아(옮긴이), 보림, 1999.

나: '공감하는', '마음이 통하는'을 골랐네?

지민: 폴라랑 드미트리어스처럼 저도 엄마랑 아빠가 싸우는 게 나 때문이라고 생각했어요.

나: '부푼', '기대되는'을 골랐네?

채연: 그래도 내일이 되면 좋은 일이 생길 수도 있잖아요.

나: '두려운', '겁나는'을 골랐네?

은하: 엄마랑 아빠가 싸울 때는 정말 내가 죽는 것 같았다고요.

그림책 『따로 따로 행복하게』를 통해 아이들에게 말해주고 싶다.

'엄마와 아빠가 싸우는 것은 너 때문이 아니야.'

'엄마 아빠가 따로따로 살아도, 전과 다름없이 너에게는 엄마 아빠야.'

'미워하며 함께 사는 것보다 따로따로 사는 것이 더 행복할 수 있어.'

『커다란 포옹』

과거에는 가족을 다룰 때 한 부모 가정이나 조손가정의 아이들이 소외되거나 상처를 다시 들추지 않는 데 주안점을 두었다면, 이제는 다양한 형태의 가족을 수용하고 포용하는 쪽으로 변화하는 듯하다. 그리하여 내 가족 수업 목록에 새롭게 추가된 그림책이 바로 제롬 뤼예의 『커다란 포옹』[4]이다.

결혼과 출산으로 인한 가족의 탄생, 그리고 부모의 이혼과 재혼으로 또 다른 가족의 탄생이란 복잡하고 설명하기 난해한 과정을 몇 가지의 색과 동그라미만으로 그려내는 그림책만의 매력이 담뿍 담긴 책이다. 그리고 무엇보다도 끝이 아주 인상적이다.

---

4) 제롬 뤼예, 『커다란 포옹』, 명혜권(옮긴이), 달그림, 2019.

"나는 나의 두 번째 아빠가 우리를 팔로 꼭 안아 주는 게 정말 좋아요!"(00쪽)

나: 우리도 가족을 동그라미로 그려 볼까요?

예원: 선생님, 강아지도 그려도 돼요?

나: 그럼요. 강아지도 고양이도 누구든 가족은 모두 그려도 됩니다. 그리고 가
   족에 어울리는 색을 골라 동그라미를 색칠해 봐요.

은하: 선생님, 나는 아빠 대신 할머니를 그릴래요. 내가 동생을 안아 주고, 엄마
   는 나를 안아 주고, 할머니는 엄마를 안아줘요.

나: 여기 따로 떨어져 있는 동그라미는 누굴까?

은하: 아빠요. 엄마랑 아빠는 이혼을 했어요. 그래서 나랑 동생은 엄마랑 같은
   팀이 됐고, 아빠는 할아버지랑 같은 팀이 됐죠.

나: 동그라미를 두 개나 그렸네.

서진: 아빠는 나를 안아 주고, 엄마는 형아를 안아줘요.

용은: 우리는 누나가 우리 가족 모두를 안아줘요. 누나는 힘이 세요. 그래서 우
   리 가족 모두를 안아 줄 수 있어요.

지은: 선생님, 저는 할머니를 안아 줄래요. 왜냐면 나중에 제가 할머니를 돌봐
   주기로 약속했어요.

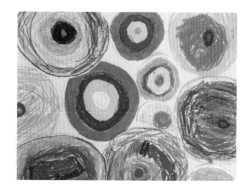

『실수투성이 엄마 아빠이지만 너를 사랑해』

그림책 『실수투성이 엄마 아빠이지만 너를 사랑해』[5] 역시 올해 새롭게 추가된 목록이다. 다른 학급의 아동학대가 의심되는 사례를 접한 후, 서둘러 내 책꽂이에서 찾은 책이다. 학생들과 함께 책을 읽고 책 속의 아이들처럼 야단을 맞거나 혼난 이야기를 나누며 도움이 필요한 아이들은 없는지 살핀다.

나: 그림책 속 아이들처럼 혼이 난 적이 있나요?
율: 나는 아침마다 엄마한테 혼나는데요.
보명: 나는 안 혼나요. 형아가 맨날 혼나요.
다정: 엄마가 물건을 계속계속 던져요.
희찬: 우리 엄마도 그랬는데….
민우: 우리 엄마는 화가 나면 막대기로 물건을 막 쳐요.

학생들과 이야기를 나눠보니 일회성으로 끝내서는 안 될 것 같다. '나는 ~해서 행복했어.', '나는 ~해서 울었어.'를 주제로 이야기 나누기처럼 여러 가지 방법으로 지속적으로 다루어야 할 것 같다.

『언제까지나 너를 사랑해』

마지막은 언제나 로버트 민치의 그림책 『언제까지나 너를 사랑해』[6]이다. 『언제까지나 너를 사랑해』는 오래전 출간된 그림책으로 '너를 사랑해 언제까지나'로 시작되는 엄마의 자장가가 깊은 울림을 주는 책이다. 예술성이 뛰어난 요즘 그림책의 그림과 비교해 때로는 망설여지기도 하지만 반복되는 말,

---

5) 사토신, 『실수투성이 엄마 아빠지만 너를 사랑해』, 한귀숙(옮긴이), 하지리 도시가도(그린이), 키위북스, 2019.
6) 로버트 먼치, 『언제까지나 너를 사랑해』, 김숙(옮긴이), 안토니 루이스(그린이), 북뱅크, 2000.

반복되는 포맷, 반복되는 노래가 주는 리듬감 때문에 읽는 이도 듣는 이도 즐겁고 익숙한 편안함이 있다.

　한 번, 두 번 거듭거듭 반 아이들과 읽다 보면 내가 아이들에게 읽어주는 것인지, 아이들을 핑계로 내가 나에게 읽어주는 것인지 헷갈릴 때도 있다. 특히, 마지막에 이제는 성인이 된 아들이 늙은 어머니를 위해 부르는 '사랑해요. 어머니 언제까지나'에서는 마음이 촉촉해진다. 그럴 때는 아이들에게 대신 읽어 달라 부탁한다.

　　사랑해요. 어머니 언제까지나
　　사랑해요. 어머니 어떤 일이 닥쳐도
　　내가 살아 있는 한
　　당신은 늘 나의 어머니

　　은서: 선생님, 늙기 싫어요.
　　지민: 선생님, 마음이 이상해요.
　　채연: 선생님, 울음이 나올 것 같단 말이에요.
　　나: 그림책 속 엄마처럼 우리도 가족에게 마음을 전해볼까요? 가족에게 하고
　　　싶은 말을 스케치북에 크게 적어 영상 편지를 만들어보겠습니다.

나를 돌봐주세요

『금이 간 거울』[1]의 주제는 가족이다. 일인칭 시점을 빌려 가족이란 무엇인 가라는 주제에 대해 작가 자신이 하고 싶은 말을 하고 있다. 표제작인 「금이 간 거울」 외에 「오빠의 닭」, 「오늘은, 메리 크리스마스」, 「삼 등짜리 운동회의 날」, 「기다란 머리카락」이 실린 이 동화집에서 「삼 등짜리 운동회의 날」을 제 외하고 주인공은 여학생의 시선으로 가족을 얘기하고 있다. 저자는 자신의 실제 경험을 작품에서 얘기하는 것 같다. 작품을 통해 스스로를 치유하는 것 이다. 직접 지은 동화를 통해서 자신의 슬픔이 아직도 앞으로도 상처받을 아 이들에게 용기로 전환하려고 했던 것일까.

　동화에서 나타나는 가족은 저마다의 문제를 가지고 있다. 그 문제를 작품 마다 상징 혹은 소재로 나타낸다. 거울, 닭, 크리스마스 카드, 운동회, 머리카 락. 주인공의 마음을 나타내는 상징들을 이해하는 것이 이 동화를 이해하는 키워드다. 특히 표제작인 「금이 간 거울」에서 도둑질을 할 때마다 금이 가는 손거울은 주인공의 마음을 대신 보여주는 것 같다. 나의 상처받은 영혼을 봐 달라고, 봐주지 않을 때마다 금이 간다고 말하는 것처럼 보인다. 결국 주인 공이 직접 자신을 봐달라고 말하면서 작품은 끝난다. 문제를 드러내고 맺는

---

1)　방미진, 『금이 간 거울』, 정문주(그린이), 창비, 2006.

방식은 다섯 작품마다 다르지만, 주인공들은 상처받은 영혼이다.

상처받은 영혼. 사회에서 가정에서 가장 약자인 아이들은 주위 환경이 어떠냐에 따라 상처받는다. 대화 없는 가정, 서로를 제대로 보지 못하는 가정의 사람들. 마지막 작품인 「기다란 머리카락」의 가족이 가장 마음에 남았다. 서로에 대한 무관심이 가장 큰 슬픔이다. 공동체 안에서 무관심은 그 자체로 함께 있음의 무의미를 나타내는 징조이자 결과일 터이다. 주인공 외에도 가족 구성원들도 모두 상처받은 이들이다. 서로가 서로에게 상처를 준다. 인간은 원래부터 상처받고 주는 존재일까. 가족 밖 공동체에도 상처를 주고받는 일들이 많다. 우린 늘 상처를 주고받는다. 어쩔 수 없다면 상처를 덜 주고받는 일이 되어야 할 텐데 쉽지 않다. 욕심을 버리면 된다고 말들을 하지만 역시 쉽지 않다. 다름과 다름의 문제를 받아들이는 우리의 자세는 어떤가? 시민교육은 가정에서부터 시작되고, 학교는 사회의 핵심 문제를 성찰하게 만드는 것에 목적을 가진다. 이 책으로 했던 수업이 기억난다.

나: 책을 읽고 가장 마음에 들어온 문장이 있나요?
가영: 선생님, 엄마는 제가 집에 가도 관심이 없어요.

책을 읽고 있는데, 가영이가 갑자기 퉁명스럽게 말을 내뱉었다. 가영이는 평소에도 냉소적으로 말하는 버릇이 있는데 이 말에는 뭔가 뼈가 있는 것 같았다. 「금이 간 거울」의 주인공 수현이와 같이 늘 외로움을 타는 것 같았다. 사춘기가 시작되었다는 것을 알리고 나를 봐달라는 신호로 보였다. 이 시기 몇몇 아이들의 반응은 교단에 서며 늘 겪는 일이었다.

"얘들아, 너희들 중에 가영이와 비슷한 경우를 느낀 점이 있는 사람은 손 들어 볼래요?"

아이들은 짝과 번갈아 보며 왁자지껄 소란을 피운다.

"네, 저요."
"네, 저도요."

소란과 더불어 온갖 동감의 표시를 한다. 능청스럽게 장난을 치는 아이들도 있지만 말이다. 이 아이들의 부모들도 일상을 살아간다. 우리에게 가족이란 무엇일까?

금테 액자 안의 너!

뒤돌아 앉아 점을 내리꽂는 아이의 눈과 앙다문 입술, "여기요!" 하는 아이의 대답, 선생님은 아이가 그린 점에 주목하고 멋진 금테 액자 속에 넣어주었다. 선생님께서 넣어 준 건 아이의 그림이 아니고 아이 자체, 존재의 소중함을 전시해 준 것이다. 반항적인 태도, 건방진 말투에 집중하지 않고 아이의 마음을 엿보고 그림 그리기에 자신이 없는 아이를 당황스럽게 하지 않았다. 오히려 더욱 멋진 작품이 나올 수 있게 마중물이 되어준 선생님의 작은 대응, 참으로 깊고 멋있다.

아이는 이제 신이 나서 점을 그린다. 점은 면이 되고 형형색색 다른 모습의 작품이 되어간다. 마지막 장에서 베티는 삐뚤삐뚤한 선을 그린 다른 아이에게 선생님처럼 그림을 그리도록 격려한다. 베티는 어느새 존재의 소중함을 일깨워 주는 선생님을 닮아간다. 선생님은 아이들의 마음을 읽을 줄 알아야 하고, 아이들이 자신을 만날 수 있게 적절한 액자를 준비하는 사람이어야 한다. 나의 뒷모습을 보고 아이들이 닮아갈 수도 있다는 것을 새삼 느꼈다.

『그림책에 마음을 묻다』[1]에서 최혜진 작가는 "지금 이 순간의 내가 어디까지 할 수 있는지 직시하고 한계를 받아들일 때 놀랍게도 성장이 시작될 수

[1] 최혜진, 『그림책에 마음을 묻다』, 북라이프, 2017.

있다"고 말했다. 그는 이 지혜와 저지르는 용기를 『점』[2]에서 얻었다고 한다.
다른 친구가 그린 그림들이 좋아 보인다고 흉내 내거나 따라 하는 게 아니라
베티 자신이 할 수 있는 '점 그리기'에 몰두한 장면이 『점』의 가장 큰 선물이
라고 생각한다. 나의 한계를 바로 보고 인정하기, 내가 할 수 있는 것에 집중
하고 나만의 방식으로 내 삶에 몰입해 보고 싶다.

교사이다 보니 선생님의 모습이 나에게는 더 와 닿는다. 아이들을 춤추게
하고 밝게 웃게 하고 마법이라 할 만한 모습이다. 아직 그러한 마법을 부릴
줄 모르는 나의 한계를 직시하고 한 시간, 한 시간 정성을 들여 아이들과 함
께하는 데에 일단 노력을 해보아야겠다. 내가 할 수 있는 노력을 기울여 보
자. 한 시간의 수업, 거기에 내 이름을 쓰는 것, 갑자기 다가오는 수업이 숭고
한 하나의 작품이어야 될 것 같은 부담감으로 다가온다.

미술 시간, 각자 저마다 다른 개성과 능력들이 그림에 그대로 드러난다.
잘한 것과 못한 것이 미술작품에 있을까? 어떤 주제이건 그리기 시작 전, 아
이들에게 이 동화를 읽어주고 너무 부담 갖지 말고 자신의 방식대로 자유롭
게 표현하라고 용기를 북돋아 주고 싶다. 그림책 『점』을 이용해서 부모님과
대화를 나눌 때, 아이들을 있는 그대로 인정해 주고 아이가 몰두하는 일에 지
지해 줄 것을 부탁할 때, 함께 읽으며 상담을 해도 좋을 것 같다.

2) 피터 H. 레이놀즈, 『점』, 김지효(옮긴이), 문학동네, 2003.

광장과 밀실 사이

영화 〈고령화 가족〉[1]은 노인으로 향하는 중년의 군상들을 담담하게 그려낸다. 영화는 가족의 다양성을 말하는 점도 있지만, 시선을 돌려 다르게 읽으면 각각의 상처를 안고 고령화되는 주인공들이 현재의 삶을 고군분투하듯 살아가는 모습을 가벼운 웃음으로 그려내고 있다. 영화의 스토리는 단순하다. 상처 입은 엄마와 삼 남매의 지리한 궁상을 보이며 평범한 듯, 평범하지 않은 듯한 삶을 보여준다.

　평범하게 살아가는 이들은 이 가족의 일상이 그렇게 편하게 다가오지 않을 것이다. 나는 이들의 개인사보다는 다른 이들보다 특출나지 않으면서도, 연민의 눈으로도 바라보지 않은 채 작품 속 캐릭터들을 볼 수 있었다는 점이 좋았다. 또한 꽤 내밀한 이들의 관계는 이른바 다른 이의 눈으로는 이해할 수 없는 점이 많다. 우리는 늘 상식의 눈으로 내밀한 관계들을 보며 함부로 재단하는 일이 많지 않을까.

　한편, 고레에다 히로카즈 감독의 영화는 가족에 관해 묻는다. 가족을 혈연으로만 묶을 수 있는 시대냐고 묻는다. 히로카즈 감독은 단호히 그렇지 않다고 말한다. 영화 〈어느 가족〉[2]에서도 가족의 일상적 관념을 어김없이 부수고 새로운 의미의 가족에 대해 물음을 던진다. 진정한 가족은 혈연으로만 이

---

1)　송해성, 〈고령화 가족〉, 2013.
2)　고레에다 히로카즈, 〈어느 가족〉, 2018.

루어지지 않으며, '관계'로 이루어진다고 강조한다. 또한 관계는 다정함을 바탕으로 형성되어야 한다고 말한다. 그는 관계의 중요성과 관계를 위한 사회적 노력 모두를 요구한 것이다.

가끔 책을 읽고 단상을 끄적이곤 한다. 문득 2009년 12월에 적어둔 문장이 기억났다. 아래의 책은 문학과 철학을 저자가 하나의 문제의식 아래 서술하고 있는데, 기억에 남는 문장이다.

"『광장』[3]의 주인공인 이명준은 찬란한 광장과 애틋한 밀실을 꿈꾸었지만 실패한다. 그런데 그런 광장과 밀실을 동시에 소유한 인간이 얼마나 될까? 대부분의 사람들이 그런 광장과 밀실을 꿈꾸다가 인생을 마치는 것이 아닐까? 광장과 밀실의 문제는 여전히 주요한 사회철학적 문제이다. 로티의 표현으로 바꾸어 말하면 광장은 공적인 연대성의 영역이고, 밀실은 사적인 자율성의 공간이다. 많은 철학자들이 이 두 영역을 대립적인 것으로 보거나 통합하려는 시도를 해 왔다." (129쪽)[4]

가족이라는 것은 보통 지극히 사적 공간으로 생각한다. 그래서 예전에는 가정 안에 일어나는 폭력을 사적인 사건으로 생각해서 다들 지나치기 일쑤

---

3) 최인훈, 『광장』, 1960.
4) 이유선, 『아이러니스트의 사적인 진리』, 라티오, 2008.

였다. 지금 시각에서는 신고해야 하는 경우라도, 과거에는 딱하지만 저 집안의 일이니 무관심으로 일관하는 일이 다반사였다. 그러나 지금은 공적 영역으로 가족이 들어와 있다. 그만큼 사적-공적 공간의 정확한 분리가 어렵게 된 것이다. 국가 공권력의 힘이 이제 가족까지 온 것이다. 그럼에도 정작 중요한 돌봄과 관심은 아직 멀었다.

출산율이 낮다며 사회적으로 심각한 문제라고 언론이 앞다퉈 보도하고 있다. 저출산의 위기는 한두 해 사이에 벌어지지 않았다. 한편, 고령화도 심각한 사회 문제라고 말한다. 이 문제 또한 최근에 새롭게 떠오른 문제가 아니다. 출산율 저하와 고령화는 이른바 현대 사회의 문제이며 교과서에 나올만큼 사회의 대표적 문제로 자리 잡은 지 오래되었다. 우리는 여기에 대해 어떤 자세를 가져야만 하는 것일까? 가족의 위기 혹은 해체 문제와 같이 볼 수 있는가? 어쩌면 교육을 통해 가족이라는 의미에 대해 다시 생각해야 하지 않을까?

평범함이란 무엇인가? 시민교육 수업에서 이런 상황에 대해 대화하고 질문할 수 있다. 과연, 평범함의 기준은 무엇이고 우리는 평범함을 극복할 수 있는가? 왜 우린 평범함에서 벗어나려고 하며, 평범하지 않다면 왜 실패하거나 사회 부적응자로 치부되는지를 말이다.

선생님,
'나눔장터' 수익금은 '우크라이나'에 보내줘요.
전쟁은 너무 무서워요.
무너진 건물을 다시 지으려면
돈이 꼭 필요해요.

금곡초 이찬민

PART 3

평화를
지키는
우리

평화

세계인권선언 3조 [1]

모든 사람은 생명을 유지할 권리, 자유를 누릴 권리, 그리고 자기 몸의 안전을 지킬 권리가 있다.

세계인권선언 26조

교육은 인격을 온전하게 발달시키고, 인권과 기본적 자유를 더욱 존중할 수 있도록 그 방향을 맞춰야 한다.

2022 개정 교육과정이 추구하는 인간상 & 핵심역량 [2]

▷ 공동체 의식을 바탕으로 다양성을 이해하고 서로 존중하며 세계와 소통하는 민주시민으로서 배려와 나눔, 협력을 실천하는 더불어 사는 사람

▶ 다른 사람의 관점을 존중하고 경청하는 가운데 자신의 생각과 감정을 효과적으로 표현하며 상호협력적인 관계에서 공동의 목적을 구현하는 협력적 소통 역량

---

1) 유엔총회, 세계인권선언, 1948.

2) 교육부, 초·중등학교 교육과정 총론(고시 제2022-33), 2022.

'평화'하면 통일이나 전쟁이 없는 것을 생각할 수 있다. 뉴스에서 듣는 북한의 이야기, 러시아 우크라이나 전쟁 이야기는 멀게 느껴진다. 그러나 우리 일상생활에서 느끼는 소소한 평화를 통해 평화 감수성을 키우고, 언젠가는 이루어질 남과 북의 평화로운 통일을 염원하고, 러시아 우크라이나 전쟁으로 어려움을 겪고 있는 이들을 위해 실제 우리가 할 수 있는 일들을 생각해보는 것이 좀 더 현실적인 실천 방법이다.

지난해 우크라이나 전쟁에 투입되었다가 전사한 러시아 군인의 일기장에는 "나는 아무도 죽이고 싶지 않다. 모든 종교가 '살인하지 말라'고 가르친다. 우리도 살인하지 않고 그들도 우리를 죽이지 않길 바란다."라고 쓰여있었다. 평화교육은 결과가 아닌 과정으로서 평화와 공존이라는 가치에 주목한다. 평화는 전쟁이나 분쟁, 갈등이 없는 상태뿐 아니라 모두가 기본적인 권리를 누리고 인간다운 삶을 살 수 있는 사회에서 평화로운 상태를 의미한다.

우리나라의 분단 현실에서 통일과 관련한 평화교육이 필요하다. 또한, 학생들의 일상적인 생활에서 삶과 경험에 연관된 교육도 이루어져야 한다. 평화와 상호 이해, 대화와 타협과 같은 보편적인 가치들을 중심으로 평화 감수성을 기르는 노력이 필요하다. 이를 통해 학생들은 평화롭게 함께 살아나갈 수 있는 시민으로 자랄 것이다.

국경 앞에서
우는
사람들

몇 년 전 세계를 떠들썩하게 만든 사진이 올해 세계보도사진상을 수상했다는 소식을 접했다. 이 사진은 2019년 세계의 단면을 적나라하게 보여주었다. 인간의 존엄성 자체가 타 국가에 의해 억압받을 수 있음을 보여주는 아픈 사례이다. 난민은 국가에 의해 보호받지 못하는 존재이다. 비단 유럽에만 해당하는 사건도 아니다. 제주의 예멘 난민과 같이 언제든지 우리에게도 열려 있는 문제이다. 난민 문제는 국가, 인종, 계급 등 여러 요인들이 복잡하게 얽혀 있다. 이와 같은 하나의 국가를 넘어선 문제에 대해 어떤 식으로 접근해야 할까?

꽤 오래 프레네교육을 공부하였다. 프레네교육은 교실이라는 교육환경에서 아동의 잠재성과 역동성이 학급에서 여러 장치와 테크닉을 통해 최대한 발휘되도록 하는 데 목적을 가진다. 프레네교육은 학생과 교사가 서로 협력하며 조화로운 삶을 가꾸며 살아가기를 꿈꾼다. 프레네 테크닉 중에는 학생 자신의 일상적 삶이 주제가 되는 자유글쓰기와 학교 신문, 서신 교환, 자가수정카드, 학급신문, 꾸아드네프 등이 있다.

특히 내가 많이 하는 테크닉은 꾸아드네프[1]와 자유글쓰기 및 학급신문 만

---

1) 'Quoi de neuf?'는 불어로 '새로운 일이 있어?' 라는 뜻이다. 일반적으로 아침을 여는 시간에 서로의 생기있는 삶을 나누는 활동을 의미한다.

들기이다. 아래 사례는 아이들과 주말에 대해 이야기를 나눈 것이다.

나: 오늘은 주말에 일어나고 느꼈던 이야기를 서로 해주세요.

아현: 이번 주말에는 큰아버지 댁에 가서 전을 부치는 걸 도와주었어요. 생각보다 재미있었어요.

가영: 저도 집에서 전을 부쳤는데, 기름이 튀어서 뜨거웠어요.

철오: 저는 먹기만 했어요. 냠냠냠….

찬정: 저희 집은 아무것도 하지 않고 여행 갔어요.

가영: 이야 부럽다!!!

여기까지는 일반적으로 교실에서 학생과 벌이는 대화의 일상이라고 할 수 있다. 그리고 교실 TV로 '국경에서 울고 있는 소녀'[2]의 사진을 보여주었다.

나: 오늘은 이 사진에 어떤 느낌이 들었는지 말했으면 좋겠어요.

형수: 왜 울고 있는지 모르겠지만 엄청 슬픈 것 같아요.

서현: 밤에 왜 나가 있어요? 길을 잃어버렸나?

---

2) 美-멕시코 국경에서 우는 소녀. https://www.worldpressphoto.org

철오: 어른도 있는 걸 보니 아이를 찾은 모습 같아요.

가영: 배가 고파서 울고 있는 것 같아요.

아현: 뭔가 굉장히 슬픈 일이 있고 그걸 누군가 사진으로 찍은 것 같습니다.

나는 이런 일이 왜 생겼는지 간단하게 설명하고, 이 사진이 멕시코 국경에서 불법 이민 가족에 대한 이야기를 담은 이야기며, 2019년에 세계보도사진 수상작이었다고 설명하였다. 이어서 각자 짧은 자유글쓰기를 한다. 그리고 쓴 글은 학급신문에 담기도 한다. 학급신문이 나오면 매번은 아니지만, 같이 읽고 평가하는 시간을 가진다.

"1교시에 선생님이 보여주신 사진은 왠지 슬퍼 보였다. 그런데 역시나 이유가 있었다. 아이는 두려웠던 것이다. 한밤중에 경찰이 와서 검색(?)을 하니 두려웠다. 왜 그런 일이 생겼는지 정확하게 알 수 없지만 여러 이유가 있는 것 같다. 나 같으면 도망쳤을 텐데…. 아! 엄마아빠가 있어서 그러지 못했겠다. 아무튼 이런 일이 일어나지 않고 잘 잤으면 좋겠다. 우리 말고 다른 사람도 행복했으면 좋겠다." 최형수

"아이는 너무 슬펐다. 엄마가 자신과 헤어지면 어쩌나 엄청 걱정하는 것 같기 때문이다. 왜 이민자가 생기는 걸까? 자기 나라에서 살면 되지 않나? 그런데 왜 이사가는 것을 막는 것일까? 직업을 찾으려는 것도 불법인가?" 김아현

이런 프레네테크닉을 활용해 전쟁, 난민 주제 수업을 시도한 이유는 오늘날 나와 타자가 매우 밀접하게 연결되어 있다는 것을 보여주는 데 있었다, 내가 살아가는 지구 현실의 모습을 보여주며 시민교육 수업으로 확장하고 심화시키기 위해서였다. 하나 더 예를 들자면, 다른 지역 학생과의 서신 교환

은 글쓰기를 통해 자기가 살고 있는 지역 이외에도 관심을 둘 수 있다. 덧붙여, 희망편지쓰기를 통해 기후 위기로 인해 간신히 생계를 유지하는 사람에게 희망 및 연대의 메시지를 전할 수 있다. 이를 통해 학생들이 전 세계 민주주의 확장과 현실의 문제를 해결하기 위한 실천 활동을 스스로 할 수 있기를 바랐다.[3] 물론 각자가 시민교육을 위해 더 나은 방안을 모색할 수도 있을 것이다.

---

3) https://hope.gni.kr/hopeletter.gn, 이곳 말고도 국제엠네스티 등 여러 시민단체에서 난민과 이민자를 위한 많은 활동을 하고 있다.

EPISODE 9

우리가 만드는
평화

"우당탕탕!"

쌓기나무로 만든 건물이 와르르 무너져 내리고 교실에 짧은 적막이 흐른다. 함께 건물을 만들던 1모둠 아이들이 뚱한 표정이 되더니 서로 눈치를 살핀다. 모둠 활동은 아직 무리였나 싶다. "다시 쌓아보자!"라고 용기를 주러 가려던 찰나, 뚱한 표정을 지은 채로 네 명의 아이들이 묵묵히 다시 만들기 시작한다. 말 한마디 오고 가지 않았지만 함께 도전하려는 모습이 기특하다.

3월, 1학년은 서로에게 큰 관심이 없다. 서먹하기도 하다. 수업 시간에 한 친구가 해야할 활동을 하지 않고 책상 위로 올라가도 그러려니 한다. 어쩌면 자신의 것에 집중하느라 정말 못 본 것일 수도 있다. 그렇지만 자신의 몫만 해내도, 아니 그 몫의 반만 해내도 칭찬받아 마땅하다. 주변을 살피고, 친구를 도와주고 협력하며 하는 활동은 아직 기대하지 않는다. 3월에 1학년이 1순위로 해야 하는 일은 처음 해보는 학교생활에 '각자' 적응하는 것이기 때문이다. 따라서 모든 활동이 개별 활동으로 진행된다.

4월이 되면 아이들이 학교생활을 제법 익숙하게 생각하기 시작하고, 고자질 기간이 본격적으로 시작된다. 끊임없이 친구의 잘못을 선생님께 이야기한다. 자신과 상관없는 일도 굳이 찾아내 알려준다. 사고는 여전히 자기중심적이지만 이제는 친구들을 관찰할 여유가 생기기 때문에 자신의 관점에서 친구의 행동을 파악하는 모습을 보인다.

"선생님! 선현이가 저 때렸어요."

때리지 않았다. 선현이가 걸어가며 흔든 팔에 살짝 닿은 것을 보았다.

"선생님! 민정이가 저 발 걸어서 넘어졌어요."

민정이는 일부러 발을 걸지 않았다. 민정이는 자리에서 다리를 뻗고 앉아 그림을 그리고 있었는데 그 앞을 뛰어가다가 못 보고 자기가 걸려 넘어졌다.

"선생님! 민수가 저보고 돼지래요."

민수는 혼자 동물 이름 대기를 하고 있었는데 한 친구가 타이밍 좋지 않게 지나갔다.

하루에 수십 번, 수백 번 비슷한 일들이 생긴다. 직접 관찰한 경우엔 사건의 해결이 수월하지만 보지 못하는 경우가 더 많아 어렵다. 아직 이른 감이 있지만 협력 활동을 시작해본다.

1학년 1학기 수학 2단원의 마지막 활동은 이번 단원에서 배운 입체 도형을 쌓아 자유롭게 만들어보는 것이다. 협동 작품을 만들어 볼 수 있는 좋은 기회다. 모둠별로 작품 구상 시간을 준 후, 하나의 건물을 만들도록 제시한다. 모둠 내에서 의견 통합이 되기란 쉽지 않다. 아이들은 서로가 마음에 들지 않지만, 선생님이 해보라고 하니 한번 해보려고는 한다. 그래도 도저히 자신의 마음에 들지 않으면 참고 참다가 무너뜨리고 만다.

"우당탕탕!"

　　6개의 모둠 중 3개의 모둠만이 주어진 과제를 해결했다. 나머지 세 모둠
은 각자 자신의 길을 가거나 과제에 대한 의욕을 잃어버렸다. 해결하지 못
했다고 꾸중하지 않는다. 대신, 성공한 모둠에게 무한한 칭찬과 격려를 보낸
다. 그리고 학기 초에 함께 그린 우리 반 친구들의 얼굴을 보며 이야기를 더
한다.

　　"우리 반에는 똑같은 학생이 한 명도 없어요. 그래서 마음을 하나로 모으는 것
　　은 정말 어려운 일이에요. 그렇지만 마음을 모으면 좋은 생각들이 더 많이 떠
　　오르고, 멋진 탑을 더 빨리 쌓을 수도 있어요. 색연필의 여러 색깔을 사용해야
　　아름다운 그림을 그릴 수 있는 것처럼, 모두 다른 우리반 친구들이 함께 있어
　　야 더욱 즐겁고 행복한 거예요."

모든 게 똑같으면 재미가 없다. 알록달록 서로 다른 것들이 모여야 훨씬 아름답고 재미도 있다. 어쩌면 아이들이 나와 같은 사람은 없다는 사실을 이미 알고 있을지도 모른다. 그래서 나와 마음이 통한 친구를 특별하고 소중하게 여기며 자신이 좋아하는 친구하고만 가까이 지내려고 할지도.

그렇지만 세상은 내가 좋아하는 사람하고만 지내며 살 수 없다. 내 마음에 쏙 드는 사람을 찾는 것이 어려운 일이라, 오히려 세상은 내가 싫어하는 사람하고만 지내며 사는 것이라는 표현이 더 적절하겠다. 학급 자리를 바꿔야 하는 날이 되면 "선생님! ○○이랑 짝꿍 되게 해주세요."라는 요청이 빗발친다. 아이들의 간절한 눈빛을 애써 모른 척하고 엑셀 프로그램까지 돌려가며 1년간 모두가 서로 만나볼 수 있도록 한다. 아이들이 여러 친구들과 어울리며 그 친구들과 잘 지내는 방법을 찾길 바라기 때문이다. 나와 전혀 다를 것 같은 친구와 힘을 모아 무엇인가를 성취하고 그때의 기쁨을 느껴보았으면, 달라서 생긴 아름다움을 인정하고 느낄 수 있었으면 하는 마음 때문이다.

하지만 아이들은 끊임없이 다툰다. 매일 싸우고 또 싸운다. 복도에서 지나가는 친구를 아무 이유 없이 갑자기 때리고 "미안해!"라고 소리친다. 맞은 아이가 울면서 선생님께 달려가면 오히려 자신이 더 당당하다.

"야! 사과했잖아! 사과했는데 왜 일러?"

자신이 그림 그리는 것을 친구가 보는 게 싫다며 얼굴 정면을 손바닥으로 밀어버리기도 하고 친구의 뺨을 때리기도 한다. 아무런 거리낌 없이 일단 손부터 나가는 것이다. 누군가 자신을 치면 혹시 실수인지 왜 그랬는지 한 번쯤은 물어볼 법도 한데, 그런 일은 없다. 실수든 뭐든 간에 같이 때려버린다. 그리고 서로 억울해하니 참 어렵다.

동수: 선생님, 갑자기 현우가 저를 엄청 세게 때렸어요.

현우: 네가 먼저 나 쳤잖아!

동수: 발에 뭐가 걸려 넘어질 것 같아서 실수로 잡은 건데….

현우: 네가 쳐서 나 여기가 아팠잖아!

동수: 모르고 그런 거라고!

이런 탓에 하루에도 수차례 학교폭력예방교육을 실시한다.

'절대 친구의 몸에 함부로 손대지 않을 것'

하지만 선생님 이야기를 몇 천 번 듣는 것보다 자신이 한번 겪어보는 것이 더 중요하다. 나는 장난이더라도 친구가 다르게 느낄 수 있다고, 너희는 아직 힘이 잘 조절되지 않아 의도보다 더 센 힘이 친구에게 가해질 수 있다고 끊임없이 얘기하지만, 아이들은 직접 부딪히고 나서야 깨닫는 것 같다. 하긴, 하지 말라는 것을 하지 않는 것은 어른에게도 쉬운 일은 아니다.

나: 무슨 일이었는지 차근차근 태호부터 말해보세요.

태호: 축구를 하다가 저 때문에 졌다고 진우가 저한테 욕했어요.

진우: 야! 그렇다고 넌 때리냐? 난 너 안 때렸잖아!

나: 친구한테 욕을 한 것도, 친구를 때린 것도 모두 나쁜 행동이에요. 서로 미안한 점이 하나씩 있네요.

진우: 선생님! 저는 때리지도 않았는데 왜 똑같이 혼나요?

행동뿐 아니라 말 또한 폭력이 될 수 있음을 잊지 않고 강조한다. 마음의 상처는 눈에 보이지 않기 때문에 상처가 얼마나 깊은지도, 얼마나 나았는지도 확인되지 않기 때문이다. 내 마음에 힘이 되는 말과 상처를 입히는 말을 써서 모아 함께 소리 내어 읽어보고, 상대방에게 이야기할 때마다 오늘의 활동을 떠올리도록 한다.

아직 한글을 완전히 뗀 학생들이 별로 없다. 대부분 기본 자음과 모음만 한 글자씩 띄엄띄엄 읽는 정도이고 우리 반 골목대장 현우만 정확하게 모든 글을 읽을 수 있다. 아이들에게 글을 읽지 못하면 생기는 불편함을 일깨워주고자 가끔 전달사항이나 지시사항을 칠판에 글로 적어놓고 말로 별다른 설명을 하지 않을 때가 있다. 그러면 이런 상황이 펼쳐진다. 꼭 훈민정음이 반포된 후 얼마 되지 않았을 때 평민들이 함께 모여 마을에 붙은 방을 읽는 모습 같다.

민정: 여기에 뭐라고 적혀 있는 거지?
진희: 잘 모르겠는데. 현우야 이거 뭐야?
현우: 흠… 자기 자리를 청소하고 자리에 앉으라고 써있네.
민정: 애들아! 선생님이 자기 자리 청소하고 자리에 앉으래!
학생들: 빨리빨리 움직이자!

하루는 현우가 감기로 등교하지 않았다. 현우가 없으면 아이들이 어떻게 할까 궁금하여 지시사항을 글로 적어놓고 또 조용히 있어 보았다. 재밌었던 건 3교시 시작 시간이었음에도 불구하고 아이들은 현우가 등교하지 않은 사실을 여태 모르고 있었다. 읽어주는 친구가 없자 현우의 부재를 알아차린 아이들이 갑자기 힘을 합쳐 글을 읽기 시작했다.

도희: 이건 나 알아. '도'야.
민정: 이건 뭐지? 고... ㅏ... ㄴ?
영준: 내 이름에 '준' 있어!
주하: 이거는 '하'인 것 같은데.

"도서관에 갈 준비하세요."

아이들이 함께 읽고 기뻐했다. 책을 챙겨 일사불란하게 도서관에 갈 준비를 한다.

"현우가 내일은 학교에 올까?"
"현우가 있으면 좋겠다."

현우와 매일같이 다투던 윤성이도 현우가 보고 싶다고 이야기한다. 아이들은 늘 곁에 있는 친구의 소중함을 느끼는 한편, 서로 힘을 합쳐 무엇인가를 해냈다는 성취감을 느꼈다. 이런 순간순간들이 모여 아이들을 성장시킬 것이다. 성장하는 아이들을 보며 나도 함께 성장함을 느낀다.

우리 반에는 학급 온도계가 있다. 아마 교실에서 활용하는 선생님들이 많을 것이다. 이 온도계는 우리 반 학생 모두가 평화롭고 안전한 하루를 보냈을 때 1도 올라간다. 30도가 되면 함께 축하하며 그날만큼은 국어, 수학 시간 없이 모두가 즐거운 하루를 보내보자고 약속했다. 선생님이 알려준 평화로운 대화 방법과 친구에게 상처를 주는 말을 떠올리며 각자 노력해본다. 친구가 문제 상황에 처하면 대신 이야기해 주기도 한다. 그래서 요즘에는 교실에서 전에 듣지 못했던 말들이 들린다.

"너가 그렇게 말하면 친구 마음이 아프잖아!"
"너를 아프게 하려고 한 건 아니고 같이 놀자고 그런 거야. 미안해."
"선생님이 말로 설명해야 한댔어."
"너 지금 말투가 화내는 것처럼 들려. 화내지 말고 이야기해줘."
"지나가다가 실수로 쳤어. 미안해."
"그 말은 나한테 상처가 되는 말이야."

거칠게 이야기하고 행동하던 아이들이 조금씩 달라짐을 느낀다. 학급 온도계를 어서 30도로 만들고 싶은 욕구가 불러온 결과이지만 그래도 노력하는 아이들 모습이 기특하다. 다투기 싫은데 그게 잘 안 된다며 도움을 청하러 오는 아이들도 있다. 도움을 청하지 않을 때는 언제든지 달려가 도와준다. 큰 다툼이 되기 전에 초반에 조금만 도와주면 아이들 마음이 금세 풀리고 금방 또 함께 놀이를 한다. 아이들과 함께 노력하여 만든 교실의 평화가 달콤하다. 남은 학기도 오늘만 같았으면 좋겠다….

"선생님!!! 현우가 소영이 때렸어요!!!"

함께 더 노력해보자.

연대에 경계가 있나요

오래전, 탐욕이 끝이 없을 것만 같은 사람들을 이해할 수 없었다. TV만 켜면 나오는 사람들, 가진 것이 많아도 더 많이 가지려고 악다구니를 쓰는 사람들을 이해하기 어려웠다. 왜 저렇게 돈에 대한 집착이 남다를까. 삶의 이유가 그게 다인 것처럼 말이다. 『트리갭의 샘물』[1]에서도 마찬가지였다. 노란 옷을 입은 사나이는 '구정물에 달려드는 돼지들처럼 몰려'가는 사람들의 모습을 적나라하게 보여준다. 결국 그 끝은 죽음이면서 말이다. 나는 축의 한 가운데에서 비껴가는 것인지 그 축에 포함되어 살아가는지 알 수 없었다.

우린 늘 선택을 하며 살아간다. 자본주의 사회에서 선택은 늘 기회비용이라는 이름으로 이뤄진다. 이 축에서 자유로운 사람은 없다. 이 사회에서 시간은 교환의 축이 되어 사고 팔린다. 오직 자신에게 주어진 시간의 값은 전체 사회의 시간 안에서 자리한다. 누구에게나 시간은 공평하다고 하지만 늘 그렇지는 않은 것 같다. 같은 시간에 누구는 보트를 타도 누구는 리어카를 끈다. 시간은 처음부터 공평하게 주어지지 않는다. 모든 사람이 불멸의 트리갭의 샘물을 마신다면 어떻게 될까? 불멸의 시간 안에서 어떤 식으로 살아가게 될까? 무의미한 물음이다. 프롤로그에서 작가는 축을 얘기한다. 수레바퀴

---

1) 나탈리 배비트, 『트리갭의 샘물』, 최순희(옮긴이), 이현주(그린이), 대교출판, 2006.

와 같이 삶에는 축이 있어야 한다고, 삶이란 축의 움직임 그 자체라고 말이다. 그렇게 축과 축은 연결되고 순환한다.

그저 살아가는 것, 터크가 말한 돌멩이의 삶은 자신이 살고있는 무한의 삶에서 의미 없는 삶과도 같다. 아무런 변화도 없는 것, 그건 죽음과도 같다. 변화에 두려움을 느끼고 자기애를 고집하며 어떤 변화에도 꿈쩍하지 않는 것, 삶에서 그럴 때가 죽음과 같은 상태라고 작가는 말하고 있는 것 같다. 무한의 시간 안에서도 마일스는 "언젠가는 무언가 중요한 일을 할 길을 찾아야지."라고 위니에게 말한다. 할 일을 찾는 것이 마일스에게는 중요한 삶의 의미인 것이다. 유한한 시간 속의 우리에게 삶의 의미를 어떻게 만나야 하는 것일까? 한정된 시간 안에서 우리는 얼마나 변화를 만나고 변할 수 있을까? 돌이켜보니 나는 참 많은 변화를 맞이했고, 앞으로도 만날 것 같다. 그 과정에서 탐욕을 조금씩 덜어내며 살고 싶다. 이런 생각에서 만난 두 책이 있다.

그림책 『두 아이 이야기』[2], 『침묵의 순간』[3]은 우리의 탐욕이 드러난 현실이 어떠한지 보여준다. 이 두 그림책은 탐욕으로 인한 전쟁 등의 여러 사태

2) 틸린 코지코으루, 『두 아이 이야기』, 엄혜숙(옮긴이), 휘세인 쇤메자이(그린이), 도토리숲, 2021.

3) 플로렌스 제너 메스, 『침묵의 순간』, 박찬규(옮긴이), 쥘리에트 다비드(그린이), 아롬주니어, 2022.

가 종국에는 난민이라는 인간의 존엄성과 권리가 박탈되어 살아가는 인간의 모습을 보여주고 있다. 『두 아이 이야기』는 서로 알 수 없는 두 가족의 평행 여행 이야기다. 엄마와 아들, 그리고 아빠와 딸은 서로 다른 집에서 출발해서 시간에 따라 다른 곳에서 같은 경험을 하지만 다른 분위기를 화자에게 전달한다. 이주와 난민의 문제를 같은 상황에서 다른 분위기를 자아내면서 독자에게 슬픈 질문을 던지는 그림책이다. 내가 『트리갭의 선물』에서 느꼈던 '같은 시간에 누구는 보트를 타도 누구는 리어카를 끈다'라는 생각을 이 그림책도 슬픈 메시지로 던지고 있는 셈이다.

한편, 그림책 『침묵의 순간』을 펼치면 먼저 세계 인권 선언문 13조를 만난다.

> 1. 모든 사람은 나라 안에서 어디에든 갈 수 있으며 어디에서든 살 수 있는 자유로운 권리가 있다.
> 2. 모든 사람은 자기 나라를 포함한 어떤 나라에서든 출국할 권리가 있으며, 자기 나라로 다시 돌아올 권리가 있다.
>
> - 세계 인권 선언문 1조

　　두 형제가 자기 나라 에리트리이를 떠나 칼레 난민촌의 생활과 이어지는 히차츠 난민촌을 거쳐 프랑스에 도착하면서 겪었던 일을 보여주는 그림책이다. 전쟁과 독재 정권의 폭정으로 인한 에리트리이 난민의 모습을 두 아이를 토대로 그 현실을 적나라하게 보여주는 작품이다. 어쩌면 우리 모두는 자신의 삶에 중요한 의미를 찾는지도 모른다. 두 아이도 의사와 레스토랑 요리사라는 자신의 의미를 찾아 자신의 나라를 떠났을 것이다. 작품 중간에 두 아이는 왜 아름다운 자신의 나라를 떠날 수밖에 없는지 묻는다. 자신의 나라에서는 군인도 광부도 어부도 될 수 없는 삶을 떠나는 이유가 무엇일까? '가난? 민병대?'라고 자문하는 아이에게 독자는 무엇으로 답할 수 있을까? 세상에 모든 아이들이 조금 더 행복하길 바라는 개인들의 마음이 이어지면 좋겠다.

할아버지의 빈 의자

호기심에 가득 찬 소녀, 세상에 대한 호기심과 밤하늘의 별이나 바다의 신비로움에 대한 생각으로 가득 찬 소녀는 새로운 사실을 발견할 때마다 기쁨에 겨웠다. 할아버지의 빈 의자! 두려워진 소녀는 마음이 아플까 봐, 마음을 빈병에 넣어두고 목에 걸었다. 마음은 아프지 않았지만, 세상에 대한 열정도 호기심도 잊은 소녀는 어른이 된다. 점점 무거워지는 병, 불편했지만 소녀의 마음만은 안전했다. 호기심 많은 작은 아이를 만나고 마음이 없어 아무 말도 할 수 없었다. 소녀는 마음을 꺼내고 싶지만 방법을 모른다. 바다로 굴러간 마음, 호기심 많은 작은 아이가 마음을 꺼내주었고 마침내 마음은 제자리로 돌아온다.

"이제 의자는 채워졌고"
"병은 비었습니다."

『마음이 아플까봐』[1]는 아이가 어른이 되어가면서 바쁜 일상을 메마르게 살아가다가 다시 아이의 마음을 갖게 되는 과정을 그렸다. 나에겐 마음의 상처들이 하나하나 쌓일 때마다 '할아버지의 빈 의자'가 조금씩 마음의 문을 닫

---

1) 올리버 제퍼스, 『마음이 아플까봐』, 이승숙(옮긴이), 아름다운 사람들, 2010.

아가는 과정처럼 느껴진다. 점점 문을 닫고, 마음은 닫힌 곳에 두고 일상을 사는 어른들의 모습, 나의 모습이다.

'점점 무거워지는 병' 마음 없이 살아가려니 삶이 얼마나 힘들었을까? 그 마음은 또 얼마나 답답했을지, 닫힌 그곳에서. 소녀는 작은 아이를 만나 호기심 많고 아름다움을 느낄 줄 알며 기쁘게 살아가던 자신을 기억하게 된다. 하지만 시간이 너무 흘러 어찌 마음을 꺼내고 다시 자연스럽게 기쁨을 느껴야 하는지 잊었다. 우리 어른들의 모습이다.

오늘 5학년 어느 반 친구들이 영어 시간 행복 포인트를 다 모아서 자유시간을 가졌다. 아이들이 너무 행복하고 예뻐 보여서 사진을 찍었다. 마피아 게임, 공기놀이, 오목, 카드 게임 등 아이들은 삼삼오오 모여 즐겁게 시간을 보냈다. 공기놀이하던 여자아이들이 칠판으로 몰려가 그림을 그린다. 무엇이 재미있는지 연신 웃는다.

내 마음의 일부를 병 속에 넣어두었다. 부모로서 이해할 수 없는 상대 아이의 부모에게 받은 상처, 담임교사로서 학부모에게 받은 마음의 상처, 아직 병 속에서 난 그 마음을 꺼내지 못하고 있다. 오랜만에 '우리 반 아이들'이 있었으면 하는 마음과 함께 흐뭇했다. 아이들을 보며, 나도 마음을 꺼내고 싶어졌다.

새살이 돋아나도록

"엄마가 오늘 아침에 죽었다."

훅 들어오는 첫 문장에 중압감이 느껴진다. 물기 없는 펜으로 거칠게 쓴 제목 『무릎딱지』[1]. 마음의 준비를 하고 책을 읽어나간다. 어젯밤에 죽었지만, 아이에게는 아침이다. 아이는 자고 있었기에 '나한테는 엄마는 오늘 아침에 죽은 거다'라는 문장으로 엄마의 죽음이 자신에게 어떤 사건일지 좀 더 의미를 부여하며 전개될 것 같다. 어쩔 수 없는 일!

아빠의 말, "이제 다 끝났단다."

그래도 내가 있어 다행이다.

"걱정 마, 아빠. 내가 아빠를 잘 돌봐줄게."

젖은 수건 짜듯이 아빠를 꼭 짜면 온몸에서 눈물이 뚝뚝 쏟아질 거다.

아빠의 슬픔이 너무 잘 느껴진다. 엄마 냄새가 새어 나가지 않도록 집안의 창문들을 꼭꼭 닫는 아이, 엄마 목소리가 새어 나가지 않게 귀를 막고 입을

---

1) 샤를로트 문드리크, 『무릎딱지』, 이경혜(옮긴이), 올리비에 탈레크(그린이), 한울림어린이, 2010.

다문다. 할머니를 돌볼 수 있을지 걱정하며 차를 내오는 아이의 발걸음은 할머니가 열어놓은 창문에 주저앉게 된다.

"안 돼! 열지 마. 엄마가 빠져나간단 말이야."
할머니의 말, "여기, 쏙 들어간 데 있지? 엄마는 바로 여기에 있어."

할머니가 가시고 아이와 아빠는 딱지가 저절로 떨어지고 새살이 돋아났다. 아이의 관점에서 쓴 엄마의 죽음과 남아있는 이들의 마음을 너무나 잘 표현한 그림책이다. 세상에는 그러한 일들이 있다. 어쩔 수 없는 일! 그럴 땐 그저 하던 일을 하는 거다. 그러다 보면 다시 상처 난 딱지에 나도 모르게 새살이 돋는다. 아빠와 할머니를 걱정하는 아이의 모습은 사뭇 씩씩하다. 그러나 톡 하면 터질 듯한 아슬아슬한 슬픔으로 가득 찬 풍선처럼 열린 창문에 무너져 내리기도 한다.

그런 아픔이 있는 아이들을 나는 어떻게 교사로서 보듬어 줄 것인지? 할머니처럼 현명하게 아이의 마음을 떠나간 엄마에게 연결해 주고 일상을 씩씩하게 살 힘을 주고 싶다.

마음의 소리

백희나의 『알사탕』[1] 마지막 페이지를 덮으니, 알사탕이 가득 마음을 채운다. 우린 마음만 먹으면 사물이나 자연, 그 무엇과도 이야기를 나눌 수 있다. 아빠의 이야기가 가득 찬 페이지, 알사탕을 먹으니 아빠 등 뒤에서 끊임없이 흘러나오는 '사랑해'라는 말! 그게 '사랑해'라는 말이라는 것을 아이들이 알 턱이 없다. 한 페이지를 가득 채운 일방적인 말들, 아이들 어렸을 때 내 입에서 나오던 말과 닮았다. 그 리듬까지….

가만히 내 주위를 둘러보고 소리를 기울여 보았다. 알사탕 하나 머금고 거실에 앉아있는데 1층 주차장의 차가 말을 건다. "아이고~ 아이고~ 운전 좀 살살 해. 나 좀 보살펴 주라." 한다.

'아파트 문을 닫으면 그만이다. 교실 문을 닫으면 그만이다. 내 마음의 문을 닫으면 그만이다. 혼자여도 괜찮다.'

우린 이웃과의 소통 없이도, 동료 교사와의 나눔 없이도, 다른 이들과의 소통 없이도 살아갈 수 있는 시대에 살고 있다. 그저 살아갈 수 있다. 그래서 다른 사람의 마음을 알 필요도 궁금해 할 필요도 없는 사람들이 많아진다.

---

1) 백희나, 『알사탕』, 책읽는곰, 2017.

그래서일까? 아무 생각 없이 아무 느낌 없이 너무나 끔찍한 일들을 하는 사람들이 있다.

놀이터에서 혼자 구슬치기하는 아이는 '혼자 노는 것도 나쁘지 않다.'라고 생각한다. 그러나 마지막 사탕을 먹으며 아이가 먼저 말해 버린다.

"나랑 같이 놀래?"

아이는 알사탕을 먹으며 주위의 소리를 듣게 되고 공감하고 마음을 나눈다. 그러한 경험이 아이에게 먼저 말을 걸어볼 용기를 주는 것 같다.

겨울왕국의 노래 중 'Love is an open door'라는 곡이 있다. 문을 열어야 한다. 이웃, 동료 교사, 내 주변의 사람들과 마음의 문을 열어야 한다. 같이 있어 주고, 차분히 들어주고, 함께 시간을 보낼 여유로운 시간을 만들어야 한다. 해야만 하는 것이나 기한이 정해진 업무에 미뤄둔 주위 사람들의 마음 소리, 나의 마음의 소리가 들려올 수 있게 문을 열어보자.

생생한 아이의 모습, 거뭇거뭇 모공이 넓어진 안경 낀 아빠의 얼굴, 아름다운 가을 단풍 사이로 느껴지는 햇살 가득함이 마음을 너무 푸근하게 해주는 그림책이다. 커다란 앞니가 튀어나온 모양새가 나를 닮아 더욱 정이 간다.

북극이 상관없다는 사람들!
정말 실망입니다.
우리 북극곰들은 잘 먹고 잘살고 있었는데
언제부터인가 빙하는 녹고 식량이 없어서
내 친구, 엄마, 아빠 모두가 굶어 죽었는데.
슬플 때가 많아요.
가장 슬퍼요. 음식을 못 먹어서.
우리 북극곰들이 너무 배고파
굶어 죽어도 상관없다고 생각하면
여러분이 가장 안 좋은 겁니다.

금곡초 박상준

PART 4

지구별을
사랑하는
우리

환경

기후위기 대응을 위한 탄소중립·녹색성장 기본법시행 [1]

제1조(목적) 이 법은 기후위기의 심각한 영향을 예방하기 위하여 온실가스 감축 및 기후위기 적응대책을 강화하고 탄소중립 사회로의 이행 과정에서 발생할 수 있는 경제적 환경적 사회적 불평등을 해소하며 녹색기술과 녹색산업의 육성촉진활성화를 통하여 경제와 환경의 조화로운 발전을 도모함으로써, 현재 세대와 미래세대의 삶의 질을 높이고 생태계와 기후체계를 보호하며 국제사회의 지속가능발전에 이바지하는 것을 목적으로 한다.

2022 개정 교육과정이 추구하는 인간상 & 핵심역량 [2]

▷ 문화적 소양과 다원적 가치에 대한 이해를 바탕으로 인류 문화를 향유하고 발전시키는 교양 있는 사람

▷ 공동체 의식을 바탕으로 다양성을 이해하고 서로 존중하며 세계와 소통하는 민주시민으로서 배려와 나눔, 협력을 실천하는 더불어 사는 사람

▶ 인간에 대한 공감적 이해와 문화적 감수성을 바탕으로 삶의 의미와 가치를 성찰하고 향유하는 심미적 감성 역량

▶ 지역·국가·세계 공동체의 구성원에게 요구되는 개방적·포용적 가치와 태도로 지속가능한 인류 공동체 발전에 적극적이고 책임감 있게 참여하는 공동체 역량

---

1) 국가법령정보센터, 기후위기 대응을 위한 탄소중립·녹색성장 기본법(법률 제19430호), 2023. 7. 10. 시행.
2) 교육부, 초·중등학교 교육과정 총론(고시 제2022-33), 2022.

기후 위기로 인해 홍수, 태풍, 산불과 같은 자연재해의 피해가 빈번해지고 그 피해 또한 기록적이다. 환경교육은 지구 환경의 변화, 생태계 보전, 자원 관리, 기후변화와 더불어 지속가능한 발전과 관련된 개념과 원칙, 실천 방법에 대한 내용을 포함한다. 이를 통해 환경, 사회, 경제가 어떻게 연결되어 있는지 이해하고, 지속 가능한 선택과 행동을 촉진하는 방법을 배운다. 학생들은 생태계의 기능과 생태학적인 상호작용의 역할, 그리고 생물다양성의 중요성에 대해 배우면서, 환경 보호를 위한 우리의 책임과 역할도 배운다.

현재 세대의 실천이 미래세대의 생존 여부를 결정지을 수 있다. 환경교육은 미래 교육의 한 축으로 교육과정 구성에 있어 모든 부분에서 중점적으로 노력해야 한다. 우리 모두의 생명을 지탱해 주는 지구라는 서식지를 그동안 당연하게 생각해 왔다. 자연이 파괴되는 것은 우리 인간의 삶 또한 파괴된다는 것과 같다. 정부와 기업의 노력, 학교와 개인의 노력 등 사회 시스템과 우리 삶의 방식이 모두 자연과 생명을 살리고, 사회와 사람을 살리고자 함께 변화해야 한다.

우리 학교

우리들의 봄, 여름, 가을, 그리고 겨울

지금 내가 근무하는 곳은 금곡초등학교다. 온양초등학교 5년 만기를 채우고 집이 있는 천안으로 전출을 희망하였으나 미끄러지고, 관내 내신 1지망, 2지망도 다 떨어지고 3지망인 이곳으로 왔으니 딱히 오고 싶어 온 학교라 할 수는 없다. 하지만 인생이 늘 그렇듯 뜻하지 않게 근무하게 된 이 학교가 정말 마음에 든다.

"거기가 옛날에 금이 나던 골짜기라서 이름이 금곡초야."

전임지 교장 선생님의 덕담 때문만은 아니다. '금전의 기운'도 싫지 않지만, 우리 교실에서 바라보는 학교 정원과 설화산의 사계, 220살이 된 느티나무가 만들어 주는 넉넉한 그늘은 무엇과도 바꿀 수 없다. 모두가 마다하는 1학년을 내리 3년째 하는 이유 역시 이 멋진 풍광을 바라볼 수 있는 교실 때문이다.

4월, 수철리 벚꽃길을 시작으로 설화산은 온통 울긋불긋 꽃 대궐이 된다. 5월에는 보랏빛 라일락이 피고, 작약과 불두화의 꽃망울을 보며 다음 꽃을 기다리면 어느새 여름이다. 세상이 온통 초록으로 덮인 어느 날, 배롱나무가 꽃을 피우면 이제 더위가 기승을 부린다는 신호다. 그리고 배롱나무 꽃이 피었다는 건 기다리고 기다리던 '여름 방학'이 코앞이라는 말과 다름없다. 붉은 꽃잎들을 백 일 동안 간직한다는 그 이름처럼 배롱나무는 꽃이 오래 간다. 여름 방학을 끝내고 돌아와도 꽃을 보여주는 기특한 나무다. 배롱나무꽃이 질 무렵이면 구절초가 핀다. 구절초가 피면 마음에 가을이 먼저 온다. 은행나무 잎보다 더 노란 들판에 벼 베기가 끝나가면 가을은 한층 깊어진다. 노란 은행나무 잎들이 바람에 흩날리면 이제 겨울이다. 눈이라도 오면 눈 덮인 설화산과 눈꽃을 피운 학교 정원의 설경은 또 어떤가?

이런 호사를 누리는 것은 비단 나뿐이 아니다. 우리 학교 아이들은 교과서의 봄 동산에 사는 친구들을 사진과 영상으로 공부하지 않는다. 학교 정원과 둘레길 어디서든 수선화, 벚나무, 개나리, 자목련, 민들레, 제비꽃, 영산홍을 만난다. 떨어진 라일락 꽃잎을 주워 'ㄹ'을 만들어 배우고, 원예 체험 키트가 아닌 학교 텃밭에 '씨감자'를 심고 가꾼다.

유찬: 선생님, 이게 뭐예요?

사랑: 꺄아~ 무서워!

나: 쐐기벌레야. 조심해! 쏘이면 아프고 부풀어 올라.

민우: 난 장갑을 끼고 있으니까 만져도 돼.

만지려는 학생을 제지한다.

유찬: 너 때문에 안 움직이잖아.
나: 죽은 척하는 거야. 가만히 있으면 다시 움직일걸.
유찬: 정말로 다시 가요. 그런데 아주 아주 천천히 가요.
나: 쐐기벌레는 보이는 대로 죽여야 한다고 했는데.
학생들: 선생님! 작은 생명도 소중해요!

1학년이 되어 봄과 놀아요

종이와 사인펜, 색연필 대신에 학교 정원에 있는 작은 돌, 작은 꽃, 작은 풀들로 그림을 그린다. 완성하면 제목을 지어 주고 작은 돌, 꽃, 풀들은 처음 있었던 곳에 다시 갖다 둔다.

"제목이 뭐예요?"

| 도마뱀 | 남친 없는 사람 | 소금쟁이 |

장난감 상자 말고 학교 정원에서 찾은 장난감으로 놀이한다. 먼저 선생님이 찾은 개나리 나뭇가지로 비눗방울 놀이를 배운다.

나: 우리 학교 꽃은 뭘까요?

학생들: 개나리요.

나: 맞아요. 이건 우리 학교 교화 '개나리'의 나뭇가지에요.

종국: 구멍이 있네.

나: 맞아요. 다른 나무들은 없는데 개나리는 빨대처럼 구멍이 있어요. 개나리 나뭇가지에 비눗방울을 찍어 불어 볼까요?

지훈: 선생님, 비눗방울이 나와요.

학생들: 와~ 지훈이 잘한다. 비눗방울이 너무 예뻐요.

민우: 선생님, 왜 세상은 나한테만 이래요? 비눗방울이 안 생겨요.

나: 구멍이 작으면 안 될 수도 있어요. 구멍을 살펴봐요.

감자도 자라고 나도 자라고

여름날! 더운 날! 텃밭에서는 감자랑 옥수수가 쑥쑥 자란다. 비라도 오면 더욱 좋다. 비옷에 장화를 신고 우산을 들고 나가서 첨벙첨벙 '비 나라'를 만나기 때문이다. 빗방울이 맺힌 거미줄을 찾아다니며 '구슬비' 노래를 부르고, 비가 걷히며 물안개가 자욱한 설화산을 보며 '우와!' 탄성을 지른다.

★ 텃밭 농사

방울토마토는 매일 따줘야 한다. 하루라도 건너뛰면 토마토가 터지고 땅에 떨어지기 일쑤다.

은지: 선생님, 오늘은 몇 개 따요?

민우: 우리 엄마가 많이 따오래요.

나: 가족들 모두 3개씩 먹도록 따세요.

예준: 나는 토마토 안 먹어요. 안 할래요.

유찬: 토마토 나 줘. 난 가족이 많아.

율: 선생님, 옥수수는 언제 따요?

나: 기다려. 아직 덜 여물었어.

은하: 옥수수가 나보다 커.

사랑: 선생님보다도 커.

★ 비가 온다. 뚝뚝

교과서 '여름' 수업 중 갑자기 먹구름이 몰려오더니 요란스럽게 비가 내린다. 모두 마음은 비 내리는 운동장에 가 있다. 이런 날을 대비해 아침에 비가 오는 날은 비옷을 입고, 장화를 신고 등교하기로 약속이 되어있다.

학생들: 비 온다.

종국: 선생님, 비 마을 가요.

나: 그래. 비 마을로 가자.

우산 쓰고, 장화 신고 운동장으로 나가서

나: 빗방울이 손바닥에 떨어질 때 나는 느낌을 느껴봐요.

학생들: 간지러워요! 차가워요!

현준: 선생님, 재민이 비 먹어요!

나: 빗방울이 고인 웅덩이를 찾아 밟아 볼까요?

학생들: 하지 마! 물이 튀었잖아! 옷이 더러워졌다고! 밀지 마!

나: 빗방울이 맺힌 곳을 찾아볼까요?

학교 정원의 나무, 꽃, 풀잎에 맺힌 빗방울을 살펴본다.

도연: 은행나무에 빗방울이 맺혔어요.

주원: 접시꽃에 빗방울이 맺혔어요.

하준: (거미줄을 만지며) 거미다!

유찬: 거미줄에 빗방울이 매달려 있어요.

나: 거미줄이 망가지지 않도록 조심해서 만져봐요.

서윤: 선생님, 거미줄이 끈적끈적해요!

나: 빗방울이 맺힌 모습을 표현한 노래를 불러 볼까요?

다 함께 '구슬비' 노래를 부른다.

가을이 깊어져 갈수록 나도 깊어지고

가을이 되면 복도 이곳저곳에 송충이들이 기어 다닌다. 옷에 붙은 송충이를 떼어 달라고 보건실로 가는 아이들도 있고, 학생 자치회에 송충이를 없애

달라고 건의하는 아이들도 있다. 낙엽을 밟으며 학교 뒷산도 걷는다. 운이 좋으면 '청설모' 아닌 토종 '다람쥐'를 만날 수 있다. 도토리, 솔방울, 도꼬마리를 주워 '가을 열매 운동회'도 하고, 떨어지는 은행잎을 잡으며 고마운 가을에 '가을, 안녕!' 인사를 한다.

★ 가을 열매 운동회

호두 골프는 막대기로 골프채를 만들어 호두를 치는 놀이다. 마침 교실 앞 마당에 사방치기가 여러 개 그려져 있어 놀이하기에 안성맞춤이다.

> 지안이가 한 번에 넣어서 나도 넣으려고 했는데 안 됐다. 마음이 복잡하다. 사랑
> 계속 못 쳐서 창피했다. 하지만 다른 친구도 못 쳤으니 괜찮다. 민준

도토리 옮기기는 도토리를 천 위에 올려놓고 멧돼지, 어치, 다람쥐, 사람에게 주는 놀이다. 모두가 마음을 모아 조심조심 도토리를 옮겨줘야 성공할 수 있다. 방법을 아무리 설명해 주어도 학생들은 일단 손에 천이 쥐어지기만 하면 흔들어 대느라고 난리다.

> 도토리가 계속 떨어져 계속 주웠다. 가영
> 친구들이 계속 천을 흔들며 방해했다. 한별이랑 난 정말 싫었다. 나현

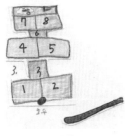
호두 골프

도토리 옮기기

★ 낙엽을 밟으며

바스락바스락 낙엽을 밟고, 팔랑팔랑 떨어지는 나뭇잎도 잡는다. 가다가 아름다운 가을을 만나면 사진도 찍는다. 운이 좋아 다람쥐도 만났다.

너무 예뻐서 사진을 계속 찍어야 할 것 같다. 은지

아직 단풍이 안 든 나무도 있지만 지난번이랑은 많이 달라졌다. 민우

너무 예뻐서 계속 보는데 얘들이 빨리 가서 나도 빨리 갔다. 그 산은 무슨 산일까? 도연

가을이 또 오면 꼭 나무에 잎이 다시 자랐는지 볼 거다. 주원

학교야, 안녕! 9살에 다시 만나

겨울에는 도토리 뚜껑을 그릇 삼아 학교 정원의 나무 열매를 모아 추운 겨울 새들을 위한 밥상을 차려 주고, 곤충들의 알집을 찾아보며 곤충들이 추운 겨울을 나는 법을 배운다.

★ 새들을 위한 열매 밥상

학교 둘레길을 걸으며 새똥의 흔적을 찾아 묻는다.

나: 이건 뭘까?

학생들: 똥이요. 새똥이요.

나: 조용히 귀 기울여 보세요. 무슨 소리가 들리나요?

학생들: 새소리요.

숲길을 걸으며 새들이 좋아하는 열매를 모은다.

나: 열매 속에는 무엇이 들어있을까요?

지성: (껍질을 벗기며) 씨앗이 있어요.

나: 새가 열매를 먹고 똥을 싸면 열매 속에 있던 씨앗에서 싹이 나요. 싹이 자라
   면 어떻게 될까요?

민준: 나무가 돼요.

나: 나무는 열매를 맺고, 또 새가 와서 먹어요. 그리고 또 똥을 싸요. 우리 모두
   새가 되어서 '새똥 싸기'를 해봐요.

반 학생들을 두 모둠으로 나누어 솔방울을 무릎이나 다리 사이에 끼우고
출발한다. 학생들은 무릎 사이에 끼운 솔방울이 떨어지지 않도록 조심조심
밧줄로 만든 새 화장실에 새똥을 눈다. 밧줄로 만든 새 화장실 안에 솔방울
을 떨어뜨리면 성공이다.

나: '새똥 싸기'를 해보니 어때요?

사랑: 이름이 '새똥 싸기'여서 창피해요. 하지만 재미있어요.

건희: 나는 두 번이나 '새똥 싸기'에 성공했어요.

나: 새가 똥을 싸면 똥 속에 씨앗이 자라서 나무와 풀이 많아져요. 새는 더 많은
   열매를 먹을 수 있어요. 더 많은 열매를 먹은 새들은 더 많은 똥을 싸요. 그
   러면 더 많은 나무와 풀이 생겨요.

나: 여기 있는 나무랑 풀을 누가 심었을까?

학생들: 새가 똥 싸서요.

나: 맞아요. 이 숲은 새가 똥을 싸서 생겨났어요.

아름다운 숲을 만들어 준 새들에게 고마운 마음을 담아서, 또, 곧 다가올 추운 겨울 새들을 위해 열매 밥상을 차린다. 학교 숲을 산책하며 회양목, 향나무, 남천, 주목의 열매를 모은 후 도토리, 밤, 호두 껍데기를 그릇 삼아 새들의 열매 밥상을 차린다.

하늘: 새야! 밥 많이 먹고 튼튼해져.

민준: 새들아, 우리가 만든 음식 맛있어? 다 먹으면 우리가 와서 또 차려 줄게.

한별: 새들아, 놀러 와. 우리가 뷔페 차렸어.

★ 느티나무야, 안녕!

종업식을 하루 앞두고 학교를 한 바퀴 돌며 학교와 작별 인사를 한다.

나: 오늘은 학교와 작별 인사를 나누겠습니다.

학생들: (다 함께) 학교야, 안녕! 그동안 고마웠어!

나: 교실에 들어가면 우리 학교에서 내가 제일 사랑한 곳을 그리고 작별 인사를 쓰겠어요.

하준: 느티나무야, 옛날보다 많이 자랐구나! 우리가 없는 방학 때에도 무럭무럭 자라라. 1년 동안 정말 재미있었어. 방학이 끝나면 다시 갈게. 너 때문에 정말 즐거웠어. 정말 고마워.

준서: 2학년이 되면 전학을 간다. 느티나무도 못 보니 안타깝다. 이사를 하면 느티나무가 괴로워할 것 같다.

오늘은 아침부터 부슬부슬 봄비가 온다. 3교시에는 우산을 쓰고 학교 정원과 둘레길을 걷는다. '봄에 들을 수 있는 소리'를 듣기 위함이다. 아이들에게 조용히 해야 들을 수 있다고 말하자 제법 조용한 가운데 새소리가 들린다. 빗소리도 들린다. 봄비 내리는 아침, 13개의 우산이 줄을 맞춰 봄이 오는 소리를 듣기 위해 가만가만 걷는다. 이 아침이 오래도록 생각날 것 같다. 아이들도 기억해 주었으면 좋겠다.

나는 27년 교직 생활 중 가장 자연과 맞닿아 있는 학교에 근무 중이다. 그래서 행복하다.

꽃들이
묻는다

'내가 잘못 봤나?'

월요일 아침, 여느 날과 같이 교실 난방부터 켜고 컴퓨터를 켠다. 그리고 여느 때처럼 창밖을 본다. 순간 내 눈을 의심한다. 눈을 끔뻑이며 다시 본다. 잘못 본 것이 아니다. 분명코 보랏빛 라일락꽃이 맞다. 오늘은 4월 3일. 아직은 라일락꽃이 필 때가 아니다. 내리 3년째 이 교실을 사용하지만, 4월 초순에 라일락이 핀 적은 없었다.

'정말 지구가 아픈가 보다.'
'몹시 아픈가 보다.'
'꽃들만 이상한 게 아니다.'

아이들도 싸움이 잦아지고 있다. 아이들은 벌써 2주째 교실에서만 생활하고 있다. 미세먼지 때문이다. 더욱이 지난겨울 중국 북서부에 눈이 제대로 오지 않아 무척 건조해 올봄은 최악의 황사란다. 쉬는 시간과 점심시간에 놀이터에 나가지 못하는 날이 길어지면서 수업 시간의 생동감과 활력도 떨어지는 것만 같다. 화해시키기, 다짐받기, 싸운 학생들 학부모들과의 통화가 중요한 일과가 되어가고 있다.

　더욱 걱정은 며칠 앞으로 다가온 현장 체험학습이다. 예전에는 비 올 때를 대비한 '플랜B'가 있었다면 이제는 미세먼지를 대비한 '플랜B'가 필요하다. 이런 문제를 사전에 방지하고자 우리는 실내 관람 위주의 '장영실과학관'과 '생태곤충원'으로 장소를 정했다. 하지만 문제는 '점심'이다. 옆 반 선생님과 체험학습 사전답사를 가서도 가장 먼저 확인한 사항이 실내에서 식사할 수 있는지 이다.

　(장영실 과학관)
　나: 미세먼지가 '나쁨'일 때, 실내에 식사할 장소가 있나요?
　과학관 관계자: 식사를 할 수 있는 장소는 없어요. 하지만 '매우 나쁨'인 날은 휴게실의 테이블을 사용할 수 있어요.
　옆 반 교사: '매우 나쁨'인 날만 사용할 수 있다고요?
　나: 뭐야? 그럼 기왕이면 13일에는 '나쁨'보다는, '매우 나쁨'이어야 하는 거야?

　휴게실 테이블에는 25명이 앉을 수 있겠다. 1반과 2반 모두 합해 26명이니 장소는 안성맞춤이다.

　옆 반 교사: 4월 13일에 휴게실 사용을 예약할 수 있나요?
　과학관 관계자: 예약은 안 됩니다. 선착순입니다.

　사전답사 결과 우리는 세 가지 경우의 수를 준비했다.

- 플랜1 (미세먼지 보통)
　: 오전 과학관 관람과 4D 영상 시청, 야외에서 점심 후 자유 놀이, 오후 생태곤충원과 전망대 관람 후 귀교

- 플랜2 (미세먼지 나쁨)
  : 오전에 최대한 모든 관람을 마치고 학교로 돌아와서 도시락 먹기
- 플랜3 (미세먼지 매우 나쁨)
  : 점심 장소인 휴게실 선점에 주안점을 두고 모든 관람 순서와 시간 조정

다행(?)스럽게도 우리가 현장 체험학습을 가는 날은 미세먼지가 '매우 나쁨'이었고 단체 관람객도 적어 무난하게 휴게실을 선점할 수 있었다.

선생님, 오늘은 뭐예요?

어느 때부터인가 출근하면 중앙현관에 부착된 미세먼지 신호등부터 확인하는 것이 중요한 일과가 되었다. 그날의 '미세먼지'부터 확인하고 수업 내용을 조정한다. '학교 주변의 봄 친구들을 살펴봐요'와 같이 바깥 활동이 꼭 필요한 수업은 다른 수업과 순서를 바꾸고, '여러 가지 모양의 길을 걷기'처럼 실내에서도 가능한 활동들은 체육관이나 다목적실 같은 장소를 먼저 확보한다. 아이들은 더욱 그러하다.

(아침 시간)

민우: 선생님, 나가서 놀아도 돼요?

나: 오늘 뭔지 보고 올래?

민우: 나쁨이요.

나: 얘들아, 오늘은 쉬는 시간이랑 점심시간에 교실에서 놀아요. 화장실에 갈 때만 나가요.

(쉬는 시간)

원우: 선생님! 민우 나갔어요.

재원: 선생님! 재민이 밖에서 줄넘기해요.

민준: 선생님! 보명이 무지개 계단에서 뛰어요.

화장실을 핑계로 끊임없이 나가는 아이들, 그 아이들을 이르는 더 많은 아이들.

(점심시간)

민우: (헐레벌떡 급식실로 뛰어와 큰 소리로) 선생님, 보통이에요. 나가도 돼요?

나: 응. 그런데 점심시간이 10분밖에 안 남았네. 얼른 나가야겠다.

미세먼지가 한주 이상 지속되면 평소 아이들이 좋아하는 애니메이션 '라바'도, '자석 블록'도 더는 흥미를 끌지 못한다. 그럴 때는 체육관을 확보해서라도 아이들이 뛰놀며 마음껏 에너지를 발산할 수 있도록 해주어야 한다. 하지만, 사정은 모두 마찬가지고 체육관은 체육수업이 있는 3, 4, 5, 6학년에 우선권이 있다. 다행스럽게도 우리 학교는 1~2학년과 3~6학년의 점심시간이 달라서, 3~6학년이 점심시간인 12시에서 1시까지는 체육관을 사용할 수가 있다.

이뿐이 아니다. 봄 교과서의 (2)단원 '도란도란 봄 동산'은 아직 시작도 못

했는데 봄꽃들은 이미 만개해 우리가 공부할 때는 지고 없을 것이 분명하다. 교과서 진도는 '봄'을 시작도 못 했는데, 날씨는 벌써 '초여름'이다. 궁여지책으로 (1)단원 '학교에 가면'과 바꿔 '봄꽃'을 공부하려고 하지만 충남 전체에 '초미세먼지 주의보'가 발령되었으니 실외 활동을 자제하라는 충남교육청 안전총괄과의 메시지를 보면 그도 어렵다.

선생님, 미세먼지는 왜 있어요?

미세먼지와 초미세먼지에 갇혀 2주 가까운 실내 활동에 아이들과 나도 지쳐갈 무렵이었다. 민우가 "선생님, 미세먼지는 왜 있어요?" 물었다. 아이들을 불러 모은다. 어차피 나가지도 못하고 교실 여기저기서 뒹굴고 있던 터라 금방 모인다.

> 나: 얘들아, 미세먼지는 왜 생길까?
> 지훈: 삼겹살 구울 때요.
> 나: 맞아요. 고등어 구울 때도 생겨요.
> 학생들: 먹고 싶어요. 배고파요. (때는 바로 점심시간 전, 3교시)
> 민준: 자동차 탈 때에서도 나와요.
> 다정: 공장에서도 나요.

마스크 키즈들이라서 그런가? 8살, 1학년 학생들이 미세먼지의 원인을 정확하게 말한다. 책꽂이에서 그림책 『굴뚝 이야기』[1]를 꺼내 학생들과 함께 읽는다.

---

1) 리우쉬공, 『굴뚝이야기』, 김미홍(옮긴이), 지양어린이, 2019.

"큰 부자가 살았어. 부자는 굴뚝이 많은 집에서 살았는데, 굴뚝에서는 매일 검은 연기가 났어. 부자는 기침을 계속했어. 그래서 굴뚝을 멀리 옮겼어. 가난한 사람들이 사는 먼 곳으로. 더 많아진 굴뚝과 더 높아진 굴뚝에서는 더 많은 연기를 뿜어냈어.

검은 연기 때문에 기온이 올라 푸른 숲은 사막으로 변해 버리고 사람들이 마실 물도 말라 버렸어. 또, 검은 연기가 태풍을 만나 많은 비가 내리면서 산이 무너져 사람들의 집이 무너졌어. 이번에는 검은 연기가 빙산 위를 지나자, 얼음이 녹으면서 낮은 곳에 살던 가난한 사람들의 집이 물속에 잠겼어.

숲이 사막으로 변하고, 집들이 물에 잠기고, 산이 무너지자 가난한 사람들은 굴뚝을 멈춰야 할지 말아야 할지 고민했어. 왜냐하면 굴뚝 덕분에 돈을 벌 수 있었으니까."

그림책을 듣던 율이가 불쑥 일어나 큰 소리로

"안돼! 굴뚝을 없애! 마을을 살려야지."

"사람들은 마침내 굴뚝이 없는 새로운 마을을 만들기 시작했어. 그곳에는 굴뚝으로 만든 물건은 없어. 모두 직접 만들거나 직접 키운 것들뿐이야. 마을 사람들은 부자에게 씨앗을 어떻게 뿌리는지, 새로운 생명이 어떻게 자라는지 보여줬어. 집으로 돌아온 부자는 생각했어."

'정말 사는 데 많은 물건이 필요할까?'
'물건이 필요하지 않으면 이젠 굴뚝을 어떻게 하지?'

"궁리하다 지친 부자는 굴뚝에 매달은 해먹 위로 올라갔어. 그리고 눕자마자 잠이 들었어."

나: 민우야, 이제 미세먼지가 왜 생겼는지 궁금증이 풀렸어? 지금부터는 『굴뚝 이야기』 속의 새로운 마을을 그려 보겠습니다. 그리고 어떤 내용인지 발표해 보겠습니다.

사랑: 원래는 굴뚝이 3개였어. 그런데 지금은 2개야. 굴뚝 하나를 없앴거든. 그래서 검은 연기가 덜 나와. 그래서 좋아. 행복해.
원우: 우리 마을에는 굴뚝이 없어. 그래서 내가 먹을 음식은 직접 키워야 해. 나는 감자를 심었어. 오늘은 감자를 캐는 날이야.

미세먼지를 줄이려면 어떻게 해야 할까?

하준: 가까운 곳은 걸어 다녀요.

민준: 우리 아빠는 전기 자동차로 바꿨어요.

지성: 생수병 말고 물병을 갖고 다녀요.

종국: 나쁜 연기를 만드는 나라를 혼내줘요.

가영: 연필은 공부 시간에만 써요.

나: 왜?

가영: 공장에서 연필을 만들면 연기가 나와요.

민우: 택배를 전부 다시 돌려줘요.

나: 그것보다 한번 산 물건을 오래오래 쓰는 것이 좋아요.

유찬: 굴뚝을 모두 없애요.

나: 그림책을 읽기 전에는 몰랐는데 새롭게 알게 된 점이 있나요?

한별: 저는 물건을 만들 때 연기가 나는 줄 몰랐어요. 그런데 굴뚝 이야기를 읽
고 나서는 물건을 만들면 연기가 난다는 걸 알게 되었어요. 그래서 이제는
진짜 필요한 물건만 시켜야 한다는 것을 알았어요.

점심시간, 교실이 텅 비었다.

오늘은 미세먼지가 보통이다. 2주 만인 것 같다. 모두 모처럼 나와 놀이터
와 운동장에서 논다. 이제 곧 4교시 수업을 위해 교실에 들어가야 한다.

나: 1학년, 점심시간이 끝났어요. 교실로 들어가세요.

나라: 선생님, 잠깐만요! 달팽이 무덤을 만들어줘야 해요. 누가 달팽이를 죽였
단 말이에요. 민달팽이였단 말이에요.

　하지만, 옆 반 선생님과 상의해 아이들이 좀 더 놀 수 있도록 한다. 오늘이 지나면 언제 또 놀이터에서 놀 수 있을 만큼 날이 좋을지 알 수 없기 때문이다. 5교시에는 그동안 미루어 두었던 학교 주변의 봄 친구들 만나기를 해야겠다.

　생활이 이렇다 보니 기후 위기에 민감하다. 게다가 1학년은 교과서 이름부터가 봄, 여름, 가을, 겨울로 계절과 밀접하게 관련되어 있다. 그래서인지 가족과 비교해도, 다른 직종에 종사하는 지인들과 비교해도 환경에 대한 나의 감수성은 높다.

　나의 높은 감수성이 묻는다.

'30년 뒤에도 우리 아이들이 봄, 여름, 가을, 겨울을 공부할 수 있을까?'

찐

난생처음 고사리를 뜯었다. 정확하게 말하면 뽑았다. 이런 내가 뿌듯하고 대견하다. 뽑은 고사리를 자랑하듯 데크에 늘어놓았다. 남편이

"고사리가 왜 그 모양이야?"
"뿌리까지 뽑았네."
"아래는 다 끊어야지."

뒤미처 강강술래 노래 한 가락이 떠올랐다. '고사리 대사리 꺾자 나무 대사리 꺾자. 한라산 고사리 꺾어다가 우리 아배 반찬 하세.'

'아! 고사리는 뽑는 게 아니라 꺾는 거구나!'

지방이지만 도시에서 나고 자란 나는 고사리는 원래 갈색인 줄 알았다. 교사가 된 후, 생태연수에서 처음 연녹색의 고사리를 보고서야 비로소 고사리가 '녹색'임을 알았다. 하지만 거기까지다. 고사리를 보기만 했을 뿐 꺾는 것까지는 연수 내용에 없었다. 나이 오십에 고사리를 처음 뽑고 나서야 알겠다. 그동안 음악 시간에 수없이 가르치고 불렀던 '강강술래'가 '고사리 대사

리 뽑자'가 아니라 '고사리 대사리 꺾자'였음을. 왜 '꺾자'였는지.

'삶이 없는 배움이란 늘 이렇듯 불완전하다.'

초임 시절이었다. 어느 가을날, 등굣길의 우리 반 소연이가 초록색 열매가 가득 들어있는 비닐봉지 하나를 내밀며 "선생님, 엄마가 가져다드리래요." 얘기했다. 가을이라 매실은 아닐 테고, 사과라 하기에는 너무 작은 열매를 보며

나: 이게 뭐야?
소연: 대추예요. 어제 집에서 땄어요.
나: 소연아, 네가 잘 모르나 본데 대추는 빨갛고 쭈글쭈글하게 생겼어.

30년이 다 되어가는 일이지만 지금 떠올려도 얼굴이 화끈거린다. 그래서 나는 체험이 있는 배움에 '진심'이다. 교과서에 '낙엽을 밟으며'가 나오면 낙엽을 밟으러 간다. '조롱조롱 거미줄에 옥구슬, 대롱대롱 풀잎마다 총총, 방긋 웃는 꽃잎마다 송송송' 구슬비 노래는 '거미줄에 맺힌 빗방울'을 직접 보고서야 부른다. 그렇지 않으면 은구슬, 옥구슬을 보석쯤으로 생각하는 아이들이 많다. 송편은 '색 점토'가 아니라 익반죽으로 직접 빚어 먹는다. '새싹과 친구가 되어'는 직접 '씨앗'을 심고 이름도 지어 주고, 사랑의 말을 속삭여 준다. 이렇게 말이다.

1차시. 씨앗을 살펴봐요
오늘은 교과서 「봄」의 '씨앗을 심어요'를 공부할 차례다. 이름은 알려주지 않고 씨앗 통에서 옥수수 씨앗 하나를 꺼내 보여준다.

나: 이 씨앗은 자라서 뭐가 될까?

학생들: 옥수수요.

역시 이름은 알려주지 않고 씨앗 통에서 은행 하나를 꺼내 보여준다.

나: 자라서 뭐가 될까?

지수: (자신 없어 하며) 은행나무

나: 맞아요. 창밖의 저 은행나무가 됩니다. 물론 아주 오래오래 시간이 걸리겠지만.

이번에는 씨앗 통에서 볍씨 하나를 꺼내 껍질을 깐다.

나: 선생님처럼 여러분도 껍질을 벗겨 볼까요?

학생들: 쌀이다. 벼다. 먹어도 돼요?

나: 다른 씨앗들도 관찰할까요?

종국: 상추씨는 왜 이렇게 작아요?

나현: 채송화 씨도 작아.

나: 맞아요. 너무 작아서 비닐봉지 속에 넣어 두었어요.

지안: 와! 참외 씨는 핑크색이야.

나: 우리가 참외를 먹을 때 참외 속 씨앗이 분홍색인가요?

학생들: 아니에요.

나: 맞아요. 참외 씨가 튼튼해지라고 약을 발라서 분홍색이 되었어요. 씨앗을
   하나씩 살펴보고 씨앗이 다 자란 모습을 상상해봐요.

2차시. 그림책을 읽어요

낮은산에서 출판된 김성종의 그림책 『감자에 싹이 나서』[1]를 학생들과 읽

---

1) 김성종, 『감자에 싹이 나서』, 낮은산, 2008.

는다. 막연하게 감자도 다른 작물들처럼 모종으로 심을 거라 생각했는데, 책을 보니 '묵은 감자'를 심는 거였다. 감자는 '감자'가 씨앗이었다. 그래서 '씨감자'라는 말도 있나 보다. 그림책을 읽고서 감자는 모종이 아닌 '감자'로 심고, '눈'이 위로 향하게 심어야 한다는 사실을 새롭게 알게 되었다. 텃밭 활동으로 감자 심기를 처음 하는 학생과 선생님들에게 그림책『감자에 싹이 나서』를 적극 추천한다. 또, 노래를 부르면서 자연스럽게 감자 심는 과정을 익힐 수 있는 '씨감자' 노래도 추천한다.

씨감자

감자 씨는 묵은 감자 칼로 썰어 심는다
토막토막 자른 자리 재를 묻혀 심는다
밭 가득 심고 나면 날 저물어 달밤
감자는 아픈 몸 흙을 덮고 자네
오다가 돌아보면 훤한 밭골에
달빛이 내려와 입 맞춰 주고 있네
- 이원수 시 / 백창우 작곡

3차시. 감자를 심어요

올해는 씨감자가 작아서 자르지 않고 통째로 심었다. 그림책에서 시각적 이미지로 '작은 눈'과 '큰 눈'을 여러 차례 봐서인지 학생들도 감자 눈들이 위로 향하도록 잘 심는다.

올해는 감자 농사를 포기할 뻔했다. 지독한 감기를 2주 넘게 앓고 났더니 감자 심는 시기가 지나갔다. 종묘상을 3곳이나 갔는데도 '씨감자'를 구할 수 없었다. 마음을 접을 무렵, 3학년 선생님께서 집에 있는 싹 난 감자를 갖다 주었다. 덕분에 감자 농사를 지을 수 있었다. 농사는 무엇보다 때가 중요함을 다시 한 번 배웠다.

텃밭에 감자를 심고 돌아와 땅속에서 작은 눈이랑 큰 눈이 무슨 생각을 하고 있을지 상상해 그린다. 학생들이 그린 땅속 감자를 보면 약속이나 한 듯 모두 웃고 있다. 이렇게.

4차시. 새싹과 친구가 되어

감자의 친구가 되어 싹이 나기를 응원한다. 감자를 먹어 치우는 벌레를 만나도 싹이 날 수 있도록 조금만 먹으라고. 캄캄한 흙 속에서 무서워 말라고. 심은 감자에 이름을 지어 주고, 새싹과 이야기를 나누며 사랑의 말을 속삭여 준다. 또, 새싹을 아끼고 소중히 여기는 마음을 담아 '쑥쑥 자라라' 노래를 불러준다.

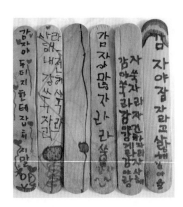

5차시. 우리가 도와줄게

3주 뒤, 드디어 심은 감자에 싹이 났다. 역할 놀이를 통해 새싹이 잘 자라기 위해서는 무엇이 필요한지 이야기를 나눈다. 새싹아, 우리가 도와줄게.

물: 새싹아, 네가 목마르지 않게 물을 줄게.

해: 새싹아, 내가 널 따뜻하고 포근하게 해줄게.

흙: 새싹아, 네가 쓰러지지 않도록 해주고, 양분도 줄게.

두더지: 새싹아, 네가 싹을 틔울 수 있도록 조금만 먹을게.

새싹: 흙아, 비야, 해야, 고마워! 너희들 덕분에 잘 자랄 수 있을 것 같아.

6~8차시. 싹이 자라요

감자가 자라는 모습을 살펴본다. 감자가 커가는 과정을 관찰하면서 싹이 날 때, 꽃이 필 때, 수확할 때를 그림으로 기록한다. 텃밭에 나가 감자의 자람을 살피고 돌아오는 길이다.

건희: (속상한 표정으로) 선생님, 내 감자는 왜 싹이 안 나요?

나: 빨리 크는 사람도 있고 천천히 자라는 사람도 있잖아. 감자도 마찬가지야.

도연: 우리 엄마도 그랬어. 내가 마디게[2] 크는 거래. 그게 좋은 거랬어. 선생님, 내 말이 맞지요?

건희: (여전히 속상한 얼굴로) 내 감자도 다른 감자들처럼 빨리 싹이 났으면 좋겠어요.

---

2) 자라는 속도가 더디다.

9차시. 감자를 캐요

하지가 가까워지면 감자 줄기가 쓰러진다. 이제 감자를 캘 때다. 본격적인 장마가 시작되기 전에 감자를 캔다. 감자를 캐면 크기별로 나눈다. 먹기 적당한 크기의 감자만 골라 급식실로 보낸다.

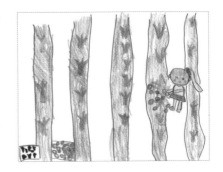

> 나: 선생님처럼 이렇게 먼저 줄기를 잡아당긴 후 흙을 파서 감자를 캐요.
> 하늘: 선생님, 이것 봐요! 내 감자 크죠?
> 나: 하늘이 얼굴이 꼭 감자처럼 이쁘네.
> 선우: 선생님, 감자 집에 갖고 가도 돼요?
> 나: 갈색 동그라미는 감자고, 검은색은 뭐야?
> 서윤: 장갑이요. 우리가 끼었던 장갑.

그림을 자세히 살펴보니, 정말로 학생들이 끼었던 장갑이 둘씩 짝을 이뤄 묶여 있다.

10차시. 감자를 나눠요

캔 감자로 무엇을 만들어 먹을지 이야기를 나눈다. 휴게소 감자를 만들어 먹자는 학생도 일부 있었지만, 대다수는 감자튀김을 원했다. 더 적극적으로 에어프라이어를 가져오겠다는 학생도 여럿이다. 에어프라이어를 사용하면 불을 사용할 필요가 없으니 좋은 생각이다. 하지만 냉동감자가

아닌 생감자로 감자튀김은 어림없단다. 코로나 이전에는 감자를 으깨 샐러
드를 만들어 함께 샌드위치를 만들어 먹기도 했지만 그건 옛말이다. 이제는
캔 감자를 고이 모아 급식실로 보낸다.

　다음 날, 급식 때 조리 종사원이 밥 위에 찐 감자를 하나씩 얹어주신다.

나: 얘들아, 이 맛있는 감자 누구랑 나눠 먹고 싶어?
한별: 선생님이랑 나눠 먹고 싶어요. 왜냐면 선생님이 좋아서요.
도연: 돌봄교실 선생님이요. 착하고 재미있는 것 많이 하게 해줘요.
민준: 교감 선생님이요. 키가 크잖아요.
재원: '안전지킴이 아저씨'요. 매일 아침 학원 차에서 내릴 때 손을 잡아줘요.
예원: 보건실 선생님이요. 치료를 잘 해주잖아요.
우빈: 도서관 주인 할머니(도서관 시니어 봉사자)도 주고 싶어요. 지난번에 비
　　타민을 받았어요.
지수: 1학년 1반 선생님도 줘요. 착해요.
나현: 6학년 파마머리 선생님을 줄래요. 저는 고데기 머리가 좋아요.

3달 동안 감자의 자람을 기록한 관찰지들을 순서대로 모은다.

사랑으로 자라요

연둣빛이 가득한 표지가 싱그럽다. 알록달록 꽃들과 작은 곤충들이 가득한 풀밭에 누워 있는 아이의 표정은 더욱 싱그럽다. 『내게 텃밭이 생겼어요!』[1]의 첫 장을 넘기는 순간, 오늘의 계절은 봄이 된다.

'나'는 할아버지가 선물해주신 작은 텃밭에 양상추, 호박, 무, 파슬리, 딸기, 토마토, 꽃을 심기로 한다. 밭을 가는 것부터 시작해 씨를 심고 물을 주고, 지렁이를 이용해 퇴비도 만든다. 민달팽이와 참새, 토끼로 인해 크고 작은 고민거리가 생기기도 하지만, 양상추를 훔쳐 먹은 참새가 딸기 모종에 비료를 선물한 모습을 보며 고마움을 느끼기도 한다. 수확한 과채들은 식탁 위에서 훌륭한 요리가 된다. 그리고 수확할 때는 텃밭을 선물해주신 할아버지를 잊지 않는다. 내 텃밭은 할아버지의 텃밭이기도 하기 때문이다.

이 책은 삽화가 매력적이다. 작가의 독특한 그림체도 눈에 띄지만, 텃밭에서 볼 수 있는 식물과 곤충, 동물의 특징을 잘 잡아 묘사했다. 신기한 점은 동식물도감처럼 정밀한 묘사로 표현한 것이 아니라 색과 패턴으로 툭툭 그린

---

1) 레니아 마조르, 『내게 텃밭이 생겼어요』, 이주영(옮긴이), 클레망스 폴레(그린이), 창비교육, 2022.

동화 그림이라는 것이다. 그래서 언뜻 보면 다 비슷한 풀처럼 보일 수도 있
지만, 자세히 보면 각 채소 모종의 특징이 잘 표현되어 있어서 식물을 충분히
관찰한 후 그렸음을 알 수 있다. 또한 배경 속에 숨어 있는 토끼풀, 지렁이,
작은 곤충들을 찾는 것이 참 재미있다.

　알록달록 풍부한 색감으로 그려진 예쁜 그림 속 내용은 텃밭을 가꾸는 일
의 아름다운 모습만 표현하고 있지는 않다. 몸을 부지런히 움직여야 텃밭이
가꿔진다는 것을 깨닫게 되고, 동물들이 어제 심은 씨앗을 먹어버려 다른 씨
앗을 다시 심는 일도 생긴다. 진딧물과 파리를 쫓아야 하고, 생각보다 채소
가 빨리 자라지 않아 우리 가족이 충분히 먹을 수도 없다. 그렇지만 아이는
행복하고 즐겁다고 이야기한다. 아름다운 선물을 준 자연을 보며 땅을 존경
하게 되었다고 말한다. 느껴지는 뿌듯함이 더 크기 때문이다. 길지 않은 분
량의 책이지만 밭을 가꾸며 생기는 다양한 현실적인 일들을 자연스럽게 이
야기로 풀어낸 부분이 좋다. 아이들과 읽으며 함께 나눌 수 있는 이야기 주
제도 많이 발견할 수 있다.

마지막 장을 덮으며 아이들에게 묻는다.

나: 식물이 잘 자라려면 무엇이 필요할까요?

학생들: 물이요! 햇빛이요! 좋은 땅이요! 거름도 필요해요!

나: 그리고 또 중요한 것이 있어요. 식물이 잘 자라길 바라며, 사랑하는 마음을
담아 예쁜 말을 많이 해주는 것이에요.

미영: 그럼 저는 쉬는 시간마다 이반이(우리반이 2반이라서 지어진 강낭콩 이름)한테
사랑한다고 얘기해줄 거예요.

아이들 덕분에 교실 창가에 놓인 이반이는 쑥쑥 자라 금세 콩이 열렸다.
냠냠!

당당하게 마주하기

농부가 되고 싶은 시인의 짐을 실은 이삿짐 트럭이 비포장도로를 달린다. 서울을 떠나 남한강변으로 이사한 시인은 숲과 햇살 가득한 강에서 가족들과 행복한 시간을 보낸다. 그도 잠시 4대강 사업으로 운하가 건설되면서 포크레인과 덤프트럭이 강을 점령해 버린다. 목소리 높여 반대해 보지만 강으로 통하는 길은 사라지고 포크레인과 덤프트럭 소리 때문에 시인은 눈과 귀를 막는다.

그사이 전국을 돌아다니며 구한 색이 다른 다섯 마리의 토종닭을 후배 작가의 부탁으로 키우게 된다. 강물이 썩어 가는 악몽에 시달리던 시인은 닭들이 사라진 것을, 아이를 통해 알고 닭을 받지 말았어야 한다고 후회를 한다. 강둑이 높아져 가고 감옥에 갇힌 것 같아 시인은 이사할 곳을 알아본다. 이때 강둑 근처 우거진 쑥대 숲에서 수탉과 암탉, 얼굴이 다른 십여 마리의 병아리들이 당당하게 걸어 나온다. 시인은 맞서서 살아남은 닭들에게 무릎을 꿇는다.

"살아 주어서, 이런 곳에서 살아남아야 한다는 것을 가르쳐 주어서 고맙습니다. 다시는 이곳을 떠나지 않겠습니다. 막히고, 패이고, 갇히고, 찢기고, 고름이 들

어찰지라도 저 강을 버리지 않겠습니다. 저 강을 보듬고 살아가겠습니다!"

　　마당에 혹은 산꼭대기에 둥지를 튼 병아리들과 함께하는 시인의 귀에는 더이상 포클레인과 덤프트럭의 엔진 소리도 들리지 않는다. 목련 나무에 둥지를 튼 닭들은 온몸으로 겨울을 견디어 낸다. 세찬 눈보라가 몰아쳐도 서로 살과 살을 맞대고 추위를 이긴다. 시인은 사료를 만들어 주었고 닭들이 바람처럼 자유롭게 살아가도록 내버려 둔다. 닭들은 자신들을 위협하는 야생동물이나 조류독감도 모두 이겨낸다. 그 비결은 닭님들을 하나의 생명체로 존중했고, 최대한 자유롭게 살 수 있도록 해준 것뿐이라 말한다. 시인은 아이들에게 닭님의 전설을 말해준다. 행복한 닭님들이 낳은 달걀을 먹은 아이들은 마당을 뛰어다닌다.

　　실제 있었던 일을 재구성한 이야기인 이상권의 『닭님의 전설』[1]. 비겁한 나의 모습이 시인의 모습에 겹쳤다. '떠나면 그만이다.' 힘든 일이나 힘든 환경에 처하면 생각하기 쉬운 방법. 그동안 그래왔던 모습들이 지나쳐 간다.

---

1) 이상권, 『닭님의 전설』, 김혜정(그린이), 웅진주니어, 2019.

요즘은 도망이나 회피가 아닌, 제대로 된 방식으로 힘든 일이나 환경을 당당하게 마주하고 나의 방식으로 이겨나가고 싶다. 먹고사니즘에 쫓기지 않고 진짜 삶을 살고 싶은 생각이 충만하다. 난 여전히 밤길이 무섭고 줄 풀린 강아지도, 길고양이도 무섭다. 내 아이들에게 닥칠 혹시 모를 미래의 어떤 힘든 일도, 당장 내년에 나를 힘들게 할지도 모르는 아이들도, 학부모들도 무섭다. 또한 파괴된 지구의 모습도. 하지만 돌아가지 않을 것이다. 무섭지만 한발 한발 용기를 내어보리라.

지구를 위한 한걸음

봉이 김선달! 대동강 물을 판 조선 말기의 풍자적인 인물이다. 어렸을 적, 물을 사 먹는 것은 재미난 옛날이야기인 줄만 알았다. 요즘은 미세먼지 농도에 따라 학교에서 이루어지는 교육활동에 많은 제약이 따른다. 물뿐만 아니라, 청정 공기를 사 마시는 일도 우리의 일상이 될 날이 올지도 모른다. 이미 2017년부터 '공기 캔'이라는 지리산 청정 공기를 담은 제품이 판매되고 있다.

『지구를 위한 한 시간』[1]은 다양한 모양의 전구와 전구를 끄는 모습으로 표지가 구성되어 있다. 책을 펼치면 7시 30분을 가리키는 시계가 보인다. 2007년 3월 31일 저녁 7시 29분 호주 시드니, 1분 후 적막해진 도시가 그려져 있다.

> "세상은 편리해졌지만, 낮에도 밤에도 뿜어져 나오는 열기와 가스 때문에 지구는 쉴 시간이 없었어. 사람들은 더 늦기 전에 무언가 해야한다고 생각했어. 작은 일이라도 많은 사람들이 함께하면 모이고 모여 큰 힘이 되겠다 생각했지. 그래서 일 년에 딱 하루만이라도 지구를 위해 전등을 끄기로 한 거야."

인간의 무한한 발전에 대한 욕구와 경제적인 이기심 때문에 우리는 현재도 기후변화, 생물다양성 손실, 각종 감염병으로부터 그에 대한 대가를 치르

---

1) 박주연, 『지구를 위한 한 시간』, 조미자(그린이), 한솔수북, 2011.

고 있다. 우리는 환경오염에 관해 설명하지 않아도 이미 일상에서 너무 많은 불편함을 겪고 있어 알고 있다. 이제 환경오염에 대한 인식도 꾸준히 강조되어야 하지만 실제 우리의 삶에서 어떻게 환경 감수성을 향상하고 친환경적 실천을 할 수 있을지에 대한 구체적인 정책과 합의가 필요하다. 『지구를 위한 한 시간』은 기후변화, 에너지 절약, 폐기물 관리 등과 같은 현대의 환경 문제와 각 개인이 실천할 수 있는 환경 보호 활동들에 초점을 맞추고 있다.

공간이 주는 힘은 우리 삶에 많은 영향을 끼친다. 지구라는 삶의 터전을 아이들이 행복하게 살아갈 수 있도록 조성해 주는 것은 무엇보다 우선으로 할 일이다. 코로나19 이후 달라진 일상과 디지털 세대인 우리 학생들에게 지속 가능한 삶을 실천할 수 있는 문화를 조성해 주어야 한다. 삶은 습관의 총합이다. 매일 매일 반복되는 일상이 우리의 정체성이다. 우리와 그다음 세대가 살만한 지구를 위해, 우리는 지금, 여기, 오늘을 살아가는 순간순간 환경을 위한 습관을 만들어 가야 한다.

그 어느 때보다 실천하는 생태시민교육이 필요한 시점이다. 계속해서 강조해 오던 환경오염으로부터의 경고가 이제는 집 앞 현관까지 다가온 것 같다. 하지만 우리의 불감증은 여전하다. 나 역시 마찬가지이다. 오늘 나는 지구를 위한 한 걸음을 내디뎌 보리라.

내일은 우리 학교 생일, 개교기념일!
그래서 학교에서 자신이 가장 사랑하는 곳을 그리기로 했다.
많은 학생들이 느티나무 쉼터, 운동장, 놀이터, 학교 정원을 그렸다.
모두 자연을 만날 수 있는 곳이다.
또, 맘껏 뛰놀 수 있는 곳이다.

요즘, 학교는 공간혁신이 한창이다.
공간혁신을 통해
학생들이 더 쉽게 더 빈번히
자연 속에서 맘껏 뛰놀 수 있었으면 좋겠다.

금곡초 손은호, 황우리

PART 5

내일을
꿈꾸는
우리

변화된 미래

교육분야 인공지능 윤리원칙 [1]

(대원칙) 사람의 성장을 지원하는 인공지능

(세부원칙)

1. 인간 성장의 잠재성을 이끌어 낸다.

2. 학습자의 주도성과 다양성을 보장한다.

3. 교수자의 전문성을 존중한다.

4. 교육 당사자 간의 관계를 공고히 유지한다.

5. 교육의 기회균등과 공정성을 보장한다.

6. 교육공동체의 연대와 협력을 강화한다.

7. 사회 공공성 증진에 기여한다.

8. 교육 당사자의 안전을 보장한다.

9. 데이터 처리의 투명성을 보장하고 설명 가능해야 한다.

10. 데이터를 합목적적으로 활용하고 프라이버시를 보호한다.

2022 개정 교육과정이 추구하는 인간상 & 핵심역량 [2]

▷ 폭넓은 기초 능력을 바탕으로 진취적 발상과 도전을 통해 새로운 가치를 창출하는 창의적인 사람

▶ 문제를 합리적으로 해결하기 위하여 다양한 영역의 지식과 정보를 깊이 있게 이해하고 비판적으로 탐구하며 활용할 수 있는 지식정보처리 역량

▶ 폭넓은 기초 지식을 바탕으로 다양한 전문 분야의 지식, 기술, 경험을 융합적으로 활용하여 새로운 것을 창출하는 창의적 사고 역량

---

1) 교육부, 교육분야 인공지능 윤리원칙, 2022.

2) 교육부, 초·중등학교 교육과정 총론(고시 제2022-33), 2022.

저출생과 고령화 시대, 인공지능기술의 발달에 따라 미래교육은 어떠한 모습이어야 할지 다양한 고민을 하게 된다. 전국 초·중·고등학교 학년별 2022년 학생 수 추계를 보면, 2023년 520만 명에서 2029년 425만 명으로 감소하는 모습을 볼 수 있다. 7년 사이에 95만 명이 줄어드는 것이다. 또한, 첨단과학기술의 한계는 그 속도를 가늠할 수 없게 되었다. 미래를 예측할 수 없다는 것이 가장 확실한 사실인 것 같다. 인터넷의 등장으로 우리의 삶이 이전과 달라진 것과 같이, 인공지능의 등장은 이보다 훨씬 더 많은 혁신적인 변화를 불러올 것이다.

저출생에 따른 학생 감소는 대한민국의 교육계에 다양한 위험 요소와 더불어 많은 과제를 던져주고 있다. 인공지능기술을 이용한 맞춤형 교육, 학급당 적정한 학생 수를 가르침으로써 교사가 학생 개개인의 잠재력을 끌어올리고 그에 맞는 맞춤형 교육을 할 수 있는 교육환경 조성이 필요하다. 가르치는 교사에서 코칭하는 교사로 그 역할 또한 변해야 한다. 학습자주도수업을 통해 학생들이 창의적이고 혁신적인 사고력을 키울 수 있도록 지원해야 한다.

꼰대
찬가

올해는 1학년 담임을 하고 있다. 아침에 우리 반 율이가

"선생님, 저 오늘 실내화 안 갖고 왔어요."

우리 학교는 당일 실내화가 없는 학생들을 위해 다양한 치수의 실내화를 사놓고 사용하도록 하고 있다.

나: 율아, 네 이름 쓰고 발에 맞는 실내화 신고 와.

잠시 뒤

율: 선생님, 저는 태어난 날을 몰라요.
나: 태어난 날은 왜?
율: 저는 태어난 날을 몰라요!
나: 실내화 빌리는데 생일을 알아야 한다고?
율: 네, 그런데 저는 태어난 날을 몰라요.
나: 그럴 리가? 그래! 같이 가보자.

율이와 같이 가니, '실내화 관리대장'에 '대여한 날'을 적는 칸이 있다.

'아, 율이가 대여한 날을 태어난 날로 읽었구나!'

그 와중에도 율이가 기특하다. 3월에는 모음자도 떠듬떠듬 읽던 아이였다. '대여'란 말의 뜻이 어려워 비슷한 말 '태어'로 읽은 것이리라. 덕분에 한바탕 웃음으로 '하루'를 시작한다. 바로 이런 것이 '1학년'의 즐거움이렷다.

라떼는 말이야~!

나는 7살에 초등학교에 입학했다. 나이도 한 살 어리고 생일도 9월인 나는 당시 보건소에서 '정신감정' 비슷한 것을 받았다. "주전자"를 가리키면 "주전자"라고 대답했던 희미한 기억들이 있다. 보건소에서 받은 '검사 결과서'를 들고 서산초등학교 교무실로 갔다. 당시 교감 선생님은 내가 교무실의 당신 책상 앞에 서니 키가 작아 보이지 않는다며 교감 선생님 책상 맞은편 벽에 서라고 하셨다. 그리고 물으셨다.

"1부터 50까지 셀 수 있어?"
"네."

엄마 말에 의하면, 호기롭게 대답하던 나는 20까지만 순서대로 세고 다음부터는 제멋대로 세더니 암튼 50에서 끝을 맺었고, 교감 선생님께서는 '청강생' 조건으로 입학을 허락해 주셨다. 그리고 하나 더, 학급 환경 정리 비용 일체를 부담하는 조건으로.

교사가 되고 나서 엄마에게 물어본 적이 있다.

나: 엄마, 그렇게까지 하면서 나를 꼭 학교에 보내야 했어? 가방을 메면 가방이 걸어가는지, 내가 걸어가는지 모를 만큼 작았다며.

엄마: 돈 벌려는 댕겨야제…. 유치원을 1년 더 보내면 좋제만, 돈이 많이 등게. 그래서 나이도 한 살 애리고, 생일도 늦은 너를 학교에 보냈제. 1학년을 1년 더 댕겨도 유치원보다는 돈이 덜 등게.

나: 그래서 환경 정리 비용은 엄마가 다 댔어?

엄마: 그때는 선생님이 돈이 만 원이라 하면, 어매들한테 조금씩 걷고 부족한 돈은 채워서 선생님한테는 맞춰서 드렸제. 한 4~5천 원 정도 걷히면 보태서 만원을 맹글어 드렸제.

나: 아니, 엄마들이 얼마씩 냈길래 걷은 돈이 4천 원, 5천 원이야?

엄마: 오백 원 썩도 내고, 천원 썩도 내고…. 그때는 다들 어려워서 학교에 오천 원 썩 내는 사람이 드물었다. 그래서 학교에 가면 선생님들이 '이리 오씨오, 저리 오씨오' 엄청 잘해줬제.

하긴, 엄마의 말이 놀랍지는 않다. 나 역시 1996년 첫 발령을 받았을 때 화분이며, 칼라박스며, A4 복사지와 같은 교실 비품을 사다 주는 학부모들이 많았다. 양육과 육아에 대한 사회적 지원 없이 오롯이 홀로 감당했을 그 시절, 많은 어머니들의 고달픈 삶이 그대로 전해진다. 아주 먼 옛날이 아니다.

라떼는 말이야~!
한 반에 학생이 80명이었어.

열혈 엄마 덕에 1980년, 나는 청강생이지만 1학년이 되었다. 그땐 동네마다 아이들이 참 많았다. 우리 집은 아이들이 셋이었는데 적은 축에 들었다. 대개는 네다섯인 집들이 많았다. 한 반에 애들이 80명이나 되니 한 교실에 모두 들어갈 수가 없었다. 그래서 한꺼번에 수업 못 하고, 절반은 오전에 수업하고 가고 나머지는 오후에 와서 수업했다.

　오전반인데 잊어버리고 골목길에서 구슬치기나 딱지치기를 하다가 엄마 손에 이끌려 울면서 오는 아이들도 부지기수였다. 오후반인 날은 오전부터 학교에 가 운동장에 쭈그려 앉아 흙을 파곤 했다. 온종일 아무 때나 켜면 텔레비전이 나오던 시절이 아니었다. 핸드폰은커녕 전화도 없는 집이 대다수였다. 장난감이래야 부엌에서 버린 작은 종지 그릇을 모아 둔 소꿉놀이가 전부였다. 게다가 집에는 나 혼자뿐이었다. 그렇게 한참 동안 기다리면 선생님이 나와서 오후반 시작을 알리는 학교 종을 쳤다. 그러면 '학교 종이 땡땡땡 어서 모여라.'의 노래 가사처럼 우르르 모여 교실로 들어갔다. 그러다 오전반과 오후반이 모두 함께 등교하는 날이 있었으니, 그날은 바로 '시험'을 보는 날이다. 반은 책상에 앉아서 시험을 보고, 반은 교실 바닥이나 복도까지 나가서 시험을 봤다. 울퉁불퉁한 복도 마룻바닥에 엎드려 시험을 볼 때면 마룻장 홈 사이로 연필이 끼여 시험지에 구멍이 나기 일쑤였다. 한번은 우리 반 아이들한테

"라떼는 말이야, 아침 말고 점심을 먹고 학교에 갔어."

했더니 엄청나게 부러워한다.

　정말 부러운(?) 이야기다. 올해 우리 학교는 신입생이 26명으로 가까스로 1학년을 2학급으로 편성할 수 있었다. 하지만 2학기에 2명이 전학을 가서, 내년에는 2학년이 1학급으로 줄어들 것이다. 문제는 1학년뿐 아니라 지금 2학년도 2학급에서 1학급으로 줄어들 예정이다. 설상가상으로 내년(2024년)에 입학하는 1학년은 2017년생으로 출생자 수가 사상 최초 30만 명대로 주저앉은 해에 태어난 아이들이다. 학교는 고민 끝에 1~3학년 학생들을 모집

하는 현수막을 내걸기로 했다. 현수막에는 홍보 문구도 넣었다.

우리 학교는 돌봄교실이 무료입니다.
방과후 교육활동비도 무료입니다.
또, 다양한 체험학습을 무료로 운영합니다.
오케스트라도 배울 수 있습니다.

학생들 한 명, 한 명이 너무 귀한 요즈음과 비교하면 정말 부러운 이야기가 아닐 수 없다.

라떼는 말이야~! 분리수거란 게 없었어.
아니 분리수거 할 게 없었지.

그 시절 학교에서는 뭘 자꾸 가져오라고 했다. 폐신문지나 빈 병 따위를 학교에 갖고 가야 했다. 지금이야 색연필, 지우개, 연필이 교실 바닥에 떨어져 있어도 줍지 않고, 기껏 주인을 찾아줘도 새것이 많다며 쓰레기통에 버리지만, 그때는 모든 것이 귀했다.

특히, 종이가 정말 귀했다. 한번 사용한 종이는 반이나 반의반으로 잘라서 철사에 묶어 화장실에 걸어 두고 화장지처럼 사용하던 때다. 읽지도 않는 신문지가 집에 있을 리 없고, 우리 집뿐 아니라 옆집도 앞집도 건넛집도 그 어느 집도 신문을 배달해 읽는 집이 없으니, 폐신문지가 있을 리 없다. 공병도 마찬가지다. 병 사이다는 소풍 가는 날이나 먹을 수 있는 귀한 음식이고, 어쩌다 병이 나오면 기름병이나 식초병으로 부엌에서 쓰임이 많았다. 운이 좋아 인심 좋은 엿장수를 만나면 엿이나 뻥튀기를 실컷 먹을 수도 있었으니, 학교에 낼 공병이 있을 리 만무하다.

어린 내 눈에도 집에는 학교에 낼 폐신문지도 공병도 없다. 그런 날을 가방을 메고 마루에 앉아 애꿎은 신발만 '탁탁' 쳤다. 처음에는 못 본 척하던 엄마도 급기야 내 손을 잡고 동네 유일한 점방으로 가 사이다를 한 병 사준다. 그제야 빈 병을 소중하게 들고 학교에 갔다. 아들과 딸에게 이런 이야기를 들려주면

"정말이야? 북한 이야기 아니야?"

라며 믿지 않는 눈치다.

하긴 믿기지 않기는 나도 마찬가지다. 분리수거장의 산을 이루는 택배 상자들이, 급식실 잔반 처리통 속 숟가락 한번 대지 않은 음식쓰레기들이, 클릭 한 번으로 몇 시간이면 도착하는 로켓배송이, 옷 쓰레기 수출 세계 5위라는 타이틀을 지닌 대한민국의 현실이 믿기지 않는다. 학교에 가져갈 빈 병 하나가 없던 시절이 있었다. 아주 먼 옛날이 아니다.

라떼는 말이야~! 차가 뭔 소리야?
소풍도 걸어서 다녔어.

보건 선생님이 건강검진 결과표를 주신다. 우리나라는 학교에 다니는 모든 학생을 대상으로 건강검진을 시행한다. 검진 주기는 3년으로 초등학교 시절에는 1학년과 4학년이 그 대상이 된다. 검진 결과를 보고 다소 놀랐다. 12

명의 학생 중 절반인 6명이 경도 비만이나 과체중이기 때문이다.

'애들이 담임을 닮아가나?'

하는 생각도 잠시, 생활 방식이 과체중이 늘어날 수밖에 없다는 결론에 이른다. 모든 학생들이 학원 차로 등교해, 마찬가지로 학원 차를 타고 학원으로 하교하고, 학원 차로 집에 간다. 심지어 비가 와도 우산을 안 갖고 등교하는 학생들도 있다. 우산 없이도 이동하도록 차가 바로 앞에서 딱딱 내려주기 때문이다. 더욱이 올해 1학년은 2016년 출생자로 5, 6, 7세 3년 동안 사회적 거리 두기를 경험한 세대들이다. 신체활동의 저하는 당연한 일이지 싶다.

이렇듯 지금은 학교 문밖만 나서도 버스로 움직이는 세상이 되었지만, 그 시절에는 전교생이 긴 줄을 지어 걸어서 어디든 갔다. 반공 영화 '나는 공산당이 싫어요'를 보러 시내 중심가에 있는 영화관까지 제법 먼 길도 걸었다. 가다가 뒤를 돌아보면 끝이 보이지 않는 긴 행렬들이 따라오던 희미한 기억들이 있다. 그렇게 전교생이 단체 관람하러 시내까지 걸어가면 구경할 게 천지였다. 학교 운동장에 서면 바다가 바라보이는 시 외곽에 살던 때였다. 선창가의 비릿한 바다 내음, 학교 앞 바닷가에 옹기종기 모인 조선소에서 나던 쇳소리, 여기저기 널브러진 하꼬짝(나무로 만든 고기 상자)에 웅웅거리던 파리들, 고기잡이 그물을 손질하는 사람들만 보다가 만나는 시내 풍광에 마음을 홀딱 빼앗기곤 했다.

올해 우리 학교는 '어린이날'을 기념해 전세버스를 대절해 전교생이 롯데시네마에서 '영웅'을 관람했다. 돌아오는 차 안에서 학생들에게 선생님은 너희만 할 때 전교생이 걸어서 영화를 보러 갔다고 하니 돌아오는 대답이,

"선생님, 조선 나라 사람이에요?"

소풍날에는 전교생뿐이 아니라 학부모까지 모두 함께 걸었다. 족히 왕복 3시간은 걸리는 거리를 엄마는 한 손에 1학년, 4학년, 6학년 세 아이 김밥이 든 찬합을 들고, 다른 손에는 선생님들의 점심 도시락 역시 3단 찬합을 들고 따라 걸어왔다. 선생님 도시락은 김밥이랑 삶은 달걀이 들어있는 우리 것과는 달랐다. 1단에는 붉은 팥이 섞인 하얀 찰밥이, 2단에는 갓 담은 겉절이가, 3단은 실고추를 곱게 얹은 조기찜 같은 생선류들이 있었다. 선생님의 3단 찬합을 볼 때면, '맛있는 김밥을 주지. 왜 맨날 먹는 밥이랑 김치, 물고기를 주지?' 생각했다.

소풍을 기다리는 것은 김밥이랑 사이다 때문만이 아니었다. 소풍날은 추석, 설과 함께 새 옷을 얻어 입을 수 있는 날이었다. 게다가 엄마는 소풍날에는 꼭 새 신을 사주셨다. 소풍날에는 스타킹에 원피스를 입고 반짝반짝 새 구두를 신고 걷고 또 걸었다.

소풍날 백미는 누가 뭐래도 '보물찾기'다. 잘 찾는 아이들은 2개도, 3개도

잘도 찾는데 나는 아무리 찾아봐도 없다. 그럴 때면 눈썰미 좋은 엄마가 슬그머니 찾아주곤 했다. 그렇게 찾은 보물을 선생님께 내밀면 연필 한 자루나 공책 한 권을 받곤 했다. 소풍을 마치고 돌아가는 길은 참 멀었다. 그럴 때면 엄마는 빈 도시락을 남에게 맡기고 나를 업고 가곤 했다. 엄마 등에 얼굴을 비비며 맘껏 어리광을 부리다 잠이 들곤 했다.

청강생으로 들어간 나였지만 눈치껏 따라 해 2학년에 올라갔다. 하지만 '눈치껏'은 '눈치껏'일 뿐이다. 선생님이

"주목."

하면 나는 주먹을 불끈 쥐고 주변을 살폈다. 그런데 나처럼 주먹을 꼭 쥐는 아이들은 없었다. 나는 슬그머니 주먹을 책상 속에 넣고, 선생님이 교탁을 탁탁 두드리며

"자~ 주목."

할 때면 책상 속에서 주먹을 불끈 쥐었다.

'율아, 괜찮아! 선생님도 그랬어.'

미니멀
라이프

학기 말, 학생들 성적표도, 방학 계획도, 교실 정리도 어느 정도 되었다 싶어 오랜만에 원격연수를 신청했다. 제목은 '정리의 힘'.

'아니 정리도 연수를 받아야 하나?'

하는 뜨악함이 오히려 흥미를 불러일으켜 듣게 된 연수다. 하지만 뜨악함도 달리 연수 회차가 거듭될수록 고개를 끄덕이고 메모도 하며 열심히 들었다. 특히, '노전정리' 부분에서는 나이 '50'에 이 연수를 듣게 된 것이 마치 예견된 일인 듯 혼자서 거룩한 의미를 부여하고 곧바로 실천에 들어갔다. 마침 20년 넘게 살던 아파트 생활을 청산하고 시골로 이사를 앞둔 시점이기도 했다.

남편은 생의 마지막 집이라며 다소 비장해 했지만 나는 그보다는 어떻게 하면 짐을 줄일까에 골몰했다. 이사 갈 집이 전에 살던 집에 비해 규모가 작기도 하지만, 내 나이 이제 쉰. 앞으로는 체력이 떨어질 가능성이 클 것이다. 그에 맞게 생활환경을 좀 더 가볍게 꾸리고 싶었다.

먼저 덩치 큰 리클라이너 소파, 러닝머신, 자전거, 전동 침대, 아이들 방마다 있던 책상은 이번 이사 때 싹 다 버리고 가기로 했다. 하지만 결혼하면서 지금까지 20년이 넘게 살아왔던 터라 이것 말고도 짐들이 많았다.

가장 먼저 이불장과 옷장을 정리했다. 먼저 부피가 큰 양모 이불 3채부터 버렸다. 아토피에 좋다고 해서 큰돈 들여 샀지만 무겁다고 모두 잘 덮지 않았지만 아까워 모셔만 두었던 이불들이다. 이참에 혼수로 해 온 원앙금침 솜이불도 버리기로 했다. 집에 오시면 원앙금침 내어드릴 시어른들도 다 돌아가시고, 한 분 계시는 친정엄마도 이제 천안까지 나들이 오기는 어려울 것 같다. 버릴 이불들을 모아보니 남은 이불들과 양이 비슷하다. 한결 여유로워진 이불장을 들여다보며 '진즉 이렇게 가볍게 살걸.' 하는 생각이 든다.

옷장에서는 가격표도 떼지 않고 수년째 자리만 차지하고 있던 옷, 할인율이 높아 혹해서 샀다가 너무 두툼해, 먼지가 잘 달라붙어, 피부가 가려워, 입으면 어딘가 편하지 않아 몇 번 입지 않았던 옷들부터 뺐다. 뺀 옷들을 보니 가성비가 좋아서 산 옷들이 대부분이다. 내 나이 쉰. 앞으로 멋진 옷을 떨쳐 입고 외출할 수 있는 날들이 얼마나 될까? 이제부터는 내가 정말 입고 싶은 옷만 사야지 다짐한다.

그릇도 참 많이 버렸다. 대학생이 되어 기숙사에 들어간 딸아이는 '엠티다', '알바다' 주말에도 얼굴 보기가 어렵고, 아들은 병무청에서 하루가 멀다고 징집 영장톡을 보내는 걸로 보아 머지않아 군대에 갈 것이다. 광덕 집은 아마도 남편과 나 둘만의 집이 될 듯하다. 그래서 이사 갈 집은 싱크대 상부 장을 아예 만들지 않기로 했다. 평소에도 키가 작아 상부 장을 열 때면 의자를 딛고 올라가야 하는 번거로움 때문에 잘 사용하지 않은 터였다. 갈수록 나이는 먹어갈 테고 그 변화에 맞추어 활동하기 편하도록 가구를 배치하는 게 맞겠다 싶다. 남편은 한술 더 떠

"앞으로는 제사를 지낼 것도 아니오."
"명절을 지낼 것은 더욱 아니니 단출하게 4벌만 가져가자."

했지만 요즘 들어 무거운 그릇이 버겁고, 그릇을 놓쳐 깨뜨리는 일이 잦아 가볍고 잘 깨지지 않는 그릇들로 싱크대 한 칸에 들어갈 만큼만 남기고 다 버렸다. 그동안 애정했던 색색의 유리잔, 여러 행사 끝에 집으로 온 각종 머그잔, 예쁘지만 무거운 그릇들은 전부 버리고, 내친김에 명절과 제사에 사용하던 상들도 하나만 남기고 다 버렸다. 또, 이사를 하면 '가스레인지'와는 작별하고 '인덕션'을 놓을 계획이라 사골을 우리던 커다란 곰솥, 20명은 너끈히 먹을 수 있는 떡국을 끓였던 큰 냄비들도 이사 전날 밤 미련 없이 버렸다.

사용하지 않지만, 부피가 크고 무거운 짐 중 하나가 각종 앨범과 아이들의 '활동 모음집'이다. 18개월부터 다니기 시작한 어린이집에서 시작된 색칠 놀이, 실뜨기, 레고 등의 다양한 영역의 포트폴리오들이 다용도실 한쪽 벽면을 가득 채우고 있다. 나 역시 해마다 우리 반 학생들에게 학년말에 1년 동안의 학습 결과물을 모은 포트폴리오를 주고 있는데 앞으로는 좀 더 신중해야겠다는 생각이 든다.

'과연 남길 가치가 있는 것들인가?'

앨범과 포트폴리오는 각자가 직접 정리하기로 했다. 덕분에 30년 만에 대학 시절 사진을 마주하게 되었다. 2권의 앨범 속에는 4년간의 대학 시절이 고스란히 담겨있었다. 그 시절 사진이 생각보다 많았다. 물론 대부분이 단체 사진이지만. 'MT'를 가서 찍은 사진이 대부분인데 30~40명 속에서 나를 찾기가 쉽지 않다. 또 어렵게 찾았지만, 너무 작고 노안 때문인지 분명치도 않다.

'30년 만에 들춰본 앨범을 나는 앞으로 몇 번이나 또 들춰볼까?'
'지금도 사진 속 나를 입은 옷으로 미뤄 짐작하는데 나도 날 찾지 못하는

이 사진을 언제까지 갖고 있어야 할까?'

2권의 앨범을 쓰레기봉투 속에 넣었다 뺐다를 몇 번 반복한 뒤 고이 가져왔다. 하지만 고이 모셔 둘 작정은 아니다. 이사 후, 여유를 두고 무거운 앨범과 나도 날 못 찾는 사진은 버리고 남길 사진만 추려볼 생각이다.

마지막으로는 냉장고를 정리했다. 이제는 돌덩어리처럼 딱딱해져 거의 무기에 가까운 떡들을 치우고, 아로니아, 산딸기, 오디 등 온갖 종류의 베리들도 치웠다. 끝으로는 유통기한이 지난 비타민, 영양제, 프로폴리스, 유산균, 단백질 파우더 등 각종 건강식품을 치우는 것으로 버리기의 대장정을 마쳤다.

그렇게 많이 버리고 이사를 왔건만, 여전히 버리는 중이다. 이사를 와서 가장 먼저 버린 것이 탁상용 컴퓨터다. 나는 남편에게, 남편은 나에게 집에 탁상용 컴퓨터가 없어도 불편하지 않을지를 서로에게 묻고 결국 치웠다. 탁상용 컴퓨터를 버린다는 것은 퇴근 후, 학교 일이나 바깥일을 집안으로 끌고 들어오지 않겠다는 말이기도 하기 때문이다. 두 번째는 동계 침낭이다. 12년 전 제주도 겨울 캠핑을 끝으로 한 번도 사용해 본 적이 없다. 앞으로 캠핑을 할 일이 있겠냐며 침낭을 추리는 남편의 모습이 조금은 안됐다. 마지막은 '기타 3대'다. 기타 3대를 다 처분하기로 했으나 너무 섭섭해 결국 하나는 남기기로 했다.

며칠 전이다. 이사 후 가깝게 지내는 지인 집에 놀러 갔다. 집안 곳곳에는 다양한 도자기들이 많이 자리하고 있었다. 커피를 마시는데 여느 컵과는 달리 컵 손잡이의 끝이 컵에서 떨어져 있는데 오히려 잡기가 더 편했다. 손잡이 모양을 신기해했더니 컵을 줘 소중히 모셔왔다. 다음에 놀러 갔더니 이번에는 도자기 냉면 그릇과 커다란 아이스용 잔을 주신단다. 예전 같으면 덥석

받아왔겠지만 지금 '나'는 그 옛날의 '나'가 아니다. 불과 두 달 전, 많은 물건들을 버리고 이사 왔노라며 의젓하게 사양하고 돌아왔다.

해묵은 물건들을 정리하다 보니 정리를 하는 것이 물건이 아닌 마음인 듯싶다. 사용하지도 않을 물건들을 사서 많게는 20년 가까이 모셔 두고 여기에 뒀다가 저기에 두고, 찾느라, 정돈하느라, 청소하느라 참 많은 에너지를 쏟아부었다. 이제는 그럴 에너지도 부족하지만, 에너지가 있다고 해도 그런 곳에 쓰고 싶지는 않다. 비워낸 물건만큼 가볍고 홀가분한 삶을 살고 싶다. 더 단순한 삶을.

소통이
필요해

생성형 인공지능이 성큼 다가왔다. 인터넷이나 휴대전화가 우리에게 처음 왔을 때의 그 생소함과 두려움이 이번에는 ChatGPT가 아닐지 싶다. 검색의 시대, 유튜브 영상, 이제 무엇이든 답을 주는 생성형 인공지능의 시대. 급변한다 해도 그 속도가 가히 상상 이상이다. 우리 아이들이 살아갈 미래를 감히 우리가 예측할 수 있을까 싶다. 미래 세대에게 필요한 능력은 소통 능력이다. 먼저 나 자신을 잘 알고 나와의 올바른 소통법을 전제로 나와 너, 나와 사회, 나와 자연의 관계 맺기를 잘하는 사람이 행복한 사람이 될 것이다.

2019년 영어 수업을 하면서 세계 문화탐험이라는 주제로 각국의 다양한 의상이나 문화유산을 아이들에게 보여주고자 익스페디션 앱[1]을 통해 아이들과 AR 수업을 하였다. 그 당시는 VR이나 AR를 이용한 수업이 흔하지 않던 때라 아이들은 참신하다면서 수업에 몰입했다. 그림책과 구글 스트리트뷰를 연결해 그림책에 나와 있는 여러 나라의 모습을 VR 기어를 활용해 탐험하는 것에 아이들은 굉장히 흥미를 느끼며 수업에 참여하였다.

그로부터 5년이 흐른 지금은 교육과정 성취기준에도 이러한 매체를 활용해서 다양한 수업을 할 수 있게 개정되어 2024년부터 1, 2학년에 적용이 된다. 2022 개정 교육과정은 인공지능 기술 발전에 따른 디지털 전환에 따라

---

1) 역사, 과학, 예술, 지리 수업에 활용할 수 있는 가상현실(VR)과 증강현실(AR) 콘텐츠 제공서비스 앱

학생들이 주도적으로 삶을 이끌어가는 능력을 키울 수 있도록 중점을 두고 있다. 2022 개정 교육과정의 각 요소에는 디지털 소양에 관한 이야기가 나온다. 예를 들면, 초등학교 저학년 슬기로운 생활에는 '궁금한 세계를 다양한 매체로 탐색한다'라는 성취기준이 있다. 그리고 6학년 도덕과의 '타인과의 관계' 영역에서는 '인간과 인공지능 로봇 간의 다양한 관계를 파악하고, 도덕에 기반을 둔 관계 형성의 필요성을 탐구한다'라는 성취기준도 있다. 이는 학생과 인공지능 로봇의 올바른 관계 형성뿐만 아니라 인공지능 윤리의식 함양에도 역점을 둔 것이다.

과학실도 지능형 과학실로 변모하고 있다. 지능정보기술을 바탕으로 첨단과학기술을 활용한 온·오프라인 과학 수업을 할 수 있는 환경이다. 디지털 전환 시대에 맞는 과학교육을 실현하기 위한 기초 작업이다. 아이들과 세계문화탐험을 하면서 VR 기어를 이용해 우간다의 흙길을 걸어보고, 로마의 도시를 걸어보기도 하였다. 또한, 세계 7대 문화유산을 AR로 가상이지만 직접 살펴볼 수 있는 수업을 하였던 것처럼, 이제 세상은 오프라인 공간과 온라인 공간 두 차원 모두 실재적인 삶의 공간이다.

식당에서 음식이 나오기 전까지 휴대전화를 보고 서로 말없이 식사하고 나가는 사람들을 자주 볼 수 있다. 기계적으로 일어나 학교나 일터에 가고 주어진 일을 한다. 그리고 하교나 퇴근 후 TV나 유튜브 영상을 보며 하루의 피로를 푼다. 생각 없이 하루, 일주일, 한 달을 살다 보면 그렇게 세월이 흘러간다. 힘든 현실을 기계적으로 살아가며 잊고자 하는 모습을 볼 수 있다. 인간은 기계처럼, 기계는 인간처럼.

아이들이 디지털 세상에 기계처럼 매몰되지 않도록 해야 한다. 다른 사람들과 소통하고 협력할 기회를 많이 만들고 주도적으로 자신의 삶을 살아갈 수 있는 환경을 만들어 주어야 할 것이다.

요즘 어린이는
미래 어른이

나의 취미는 뜨개질이다. 옷과 가방을 내 손으로 한 땀, 한 땀 만드는 재미에 푹 빠져 틈만 나면 뜨개실과 바늘을 잡는다. 학교에서도 점심시간에 가끔 시간이 남으면 뜨개질을 하곤 하는데, 학기 초에 이를 처음 보는 아이들은 신기해하며 한참 구경하다가 가기도 한다.

> 수현: 우와, 이게 뭐예요?
> 나: 가방을 만들고 있어.
> 채민: 이게 가방이 돼요?
> 나: 빙글빙글 계속 뜨다 보면 가방이 되지.
> 수현: 신기해요. 그런데 힘들지 않아요? 왜 해요? 사면 되지.
> 나: 선생님은 선생님 물건을 이렇게 직접 만드는 것을 좋아해.
> 채민: 아, 그렇구나. 진짜 신기해요!

아날로그를 사랑하는 나는 한동안 발도르프교육[1]에 심취했었다. 학생 개개인의 본성과 성장 속도를 고려하며 계절(시간)의 흐름에 맞춰 수업한다는 점이 인상적이었다. TV, 컴퓨터, 태블릿PC 등의 전자매체를 사용하지 않으

---

1) 루돌프 슈타이너가 세운 발도르프학교에서 출발한 대안교육. 학생의 신체적·정신적인 성장에 맞춘 의지와 감각, 사고의 조화로운 발달을 추구하며 개개인의 개성과 차이를 존중한다.

며, 자연 또는 일상생활 속에서 소재를 찾아 무엇이든 자신의 손으로 직접 만들어 사용한다는 점도 좋았다. 오랜 기간 발도르프교육을 전문적으로 해온 선생님들의 연수를 찾아다니며 공부하고, 배운 내용은 바로 교실에서 적용해보았다. 학생들은 처음엔 낯설어했지만 새로운 방식에 흥미로워했다. 자신만의 교육 방법과 교사 철학이 확실하게 있는 선생님들이 부러웠던 초임 시절이라, 나도 나만의 철학을 빨리 정립하고 싶은 마음이 컸다. 그래서 발도르프교육을 나의 것으로 만들어 앞으로의 교직 생활을 해나가려고 했다.

하지만 교과서 속 내용 중에는 전자매체를 사용하지 않고 수업하기 어려운 부분들이 있었다. 또한 지금의 학생들은 컴퓨터와 휴대전화, 태블릿PC를 너무나도 능숙하게 다루며, 이를 통한 정보 습득을 가장 익숙하게 느꼈다. 그렇다면 학생들에게 적합한 교육 방법은 무엇일까. 어느 한 가지 방법만을 추구하며 교육하는 것이 맞을까? 현실적인 고민이 이어지며 나는 더이상 공부하지 않게 되었다. 대신 배운 활동 중 지속할 가치가 있다고 판단한 몇 가지의 것만 필요한 때에 활용했다. 물론, 더 오래 깊이 공부한 선생님들은 나와 다르게 생각할 수도 있고 이미 또 다른 좋은 방법을 찾았을 수도 있다.

길을 잃은 나는 아직도 나만의 교육 방법에 대한 고민을 하는 중이다. 아마 교직 생활을 마칠 때까지 정립되지 않을 것 같다. 내가 교사로서 잘할 수 있는 것과 중요하게 생각하는 것, 그리고 그해의 학생 특성을 종합적으로 고려하여 교육 방식이 매번 달라지기 때문이다. 게다가 코로나와 같은 전염병, 학생 수 감소 및 다문화 학생 증가, ChatGPT의 등장 등 사회에 또 어떠한 변화가 일어날지 알 수가 없어서다. 세상이 변하는 속도를 따라갈 수도 없고 변화의 방향을 예측하기도 어렵다. 하지만 달라지는 세상에도 불구하고, 매년 반복되는 학생들과의 한해살이에 익숙해지다 보면 하던 것을 당연하게 반복하여 교육하게 되는데, 이를 경계하며 자신이 하는 교육에 의문을 가질 필요가 있다. 동시에, 늘 중심에 두고 교육해야 할 것이 무엇인지도 고민해야 한다. 나는 매년 두 가지 활동을 꼭 한다.

① 문학 작품과 함께하는 교육과정

아이들의 삶에 문학이 늘 함께했으면 좋겠다. 영상 매체가 아무리 발달했다 해도, 책 속 문장들을 아이들이 스스로 읽고 무엇인가를 깨닫는 과정은 참 소중하고 아름다운 경험이다. 하지만 그렇다고 해서 독서의 좋은 점에 대해 아이들에게 일장 연설을 할 수는 없으니 최대한 재미있고 인상 깊은 독서 경험을 제공한다. 한 학기 동안 한 권의 책을 온전히 읽는 활동을 진행하는 것이다. 학년에 맞는 적절한 문학 작품을 선정한 후, 해당 학기의 과목별 교육과정을 살펴보며 작품과 연결할 수 있는 활동을 찾아 모아서 '온책읽기 교육과정'으로 재구성한다. 이때, 책 속에 나오는 장면들을 최대한 체험해볼 수 있는 기회를 준다. 5학년 학생들과 『초정리 편지』[2]로 수업한 때를 떠올려보면, 주인공 장운이가 초정리의 약수 맛을 설명하는 장면을 읽은 후 초정리 탄산수를 직접 마셔보았다.

나: 초정리 약수는 어떤 맛일 것 같나요?
도현: 싸하다고 한 것을 보니 뭔가 쎄한 느낌일 것 같아요.
서우: 약수터에 가서 물 마시면 엄청 시원한데, 그런 느낌일 것 같아요.
선빈: 톡 쏜다고 했으니 탄산이 있을 것 같아요.

(직접 마셔본다.)

나: 초정리 물을 직접 마셔보니 어떤가요?

---

2) 배유안, 『초정리 편지』, 홍선주(그린이), 창비, 2007.

승연: 톡 쏜다는 것이 설마 탄산을 표현한 것인지는 몰랐어요.

정현: 톡 쏘다 못해 너무 써요. 쓴맛 때문에 옛날 사람들이 몸이 건강해지는 약

　　수라고 생각했나 봐요.

아린: 책에 나오는 물을 마시며 읽는 게 재밌어요.

　책 속 장면을 함께 체험하며 읽으면 학생들은 더욱 해당 장면을 생생하고 재밌게 느낄 수 있다. 장운이가 돌을 깎는 장면에서는 우리도 장인 정신을 담아 지우개를 깎아 보고, 덕이가 옛 한글로 편지를 적는 장면에서는 우리도 옛 한글을 사용하여 편지를 써 본다. 등장인물과 똑같은 상황에 놓여 보면 인물의 마음을 잘 이해할 수 있고, 이는 책을 깊이 이해하는 데에 도움을 준다. 한 학기에 걸쳐 긴 호흡으로 책을 모두 읽고 나면, 함께 읽었던 책과 똑같은 것으로 구매해 선물로 나누어 준다. 그러면 정말 소중하게 들고 집으로 간다. 온책읽기를 처음 해본 학생들은 '이 책이 인생 처음으로 끝까지 읽은 긴 책'이라며 스스로를 기특하게 여기고 뿌듯해한다.

　저학년 학생들과 함께할 때도 이야기의 즐거움을 느낄 수 있도록 많은 동화책을 선별하여 읽어준다. 이때, 그림을 그리며 동화책을 읽어주는 편이다. 그러면 아이들은 유튜브 영상, PPT 화면으로 동화책을 보여줄 때보다 훨씬 더 잘 집중한다. 그림은 못 그릴수록 좋다. 정돈된 영상 이미지에 익숙하다 보니, 이야기의 흐름에 따라 실시간으로 칠판에 생겨나는 선생님의 삐뚤삐뚤한 그림이 아이들은 재밌나 보다. 긴 이야기를 즐겁게 집중하여 듣다 보면, 나중에는 긴 글을 집중하여 읽을 수도 있게 된다.

민서: 위에 있는 콩이랑 아래에 있는 콩이가 다르게 생겼어요.

준범: 개미 머리에 팔이 달렸어요.

수정: 애벌레가 귀여워요! 저도 그려볼래요.

현우: 다음 국어시간에 나오는 것도 그려주세요.

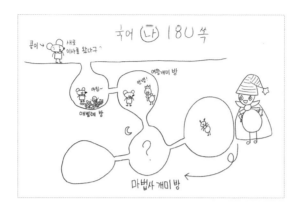

② 지구에서 살아가는 법

많은 것들이 변하겠지만, 우리는 미래에도 아마 지구에 살고 있을 것이다. 아직까지는 그렇게 생각한다. 『우리는 이 행성에 살고 있어』[3]는 우리가 살고 있는 이 지구에 대해 그림과 글로 따뜻하게 설명하는 책이다. 저자는 아들이 태어난 후, 어떻게 하면 이 세상에 대한 모든 것을 알려줄 수 있을까 고민하며 아들에게 꼭 알려주고 싶은 내용을 담았다고 한다. 우주 이야기부터 시작해서 지구의 자연환경과 살아가는 생물들, 낮과 밤, 사람에 대한 이야기까지 담겨있다. 그림이 많아서 저학년 학생들과도 읽기 좋고, 작은 글씨로 쓰여진 태양계, 인체, 지리적 정보 등의 개념까지 교과서와 연계해 함께 공부한다면 고학년 학생들과도 읽기 좋다.

나: 이 책을 읽고 나서 떠오르는 생각이나 느낌을 말해볼까요?
현우(1학년): 지구는 엄청 커요. 근데 얼만큼 큰건지는 잘 모르겠어요.
다연(2학년): 지구가 안 아프고 오래오래 잘 있어야 우리가 있을 수 있어요.

---

3) 올리버 제퍼스, 『우리는 이 행성에 살고 있어』, 장미란(옮긴이), 주니어김영사, 2018.

한준(5학년): 마지막에 지구엔 많은 사람들이 같이 살고 있으니 어렵거나 궁금한 것이 있을 때 도움을 요청하면 된다고 하면서 끝나는 게 좋아요.

승민(6학년): 지구에 대해서 딱히 생각해본 적이 없었던 것 같은데, 읽다 보니까 지구에 대해 설명할 것이 많아서 놀랐어요. 지구는 신기한 것 같아요.

수빈(6학년): 다른 행성들이랑 비교하니까 지구가 정말 작아요. 제가 느끼기에 지구는 아주 큰데 말이에요. 우주의 크기가 상상이 안 돼요.

나: 지구에는 여러분이 생각한 것보다 훨씬 더 다양한 나라들, 자연들, 사람들이 있어요. 아마 여러분이 평생 동안 모르고 지나가는 지구의 어떤 부분들도 많이 있을 거예요. 선생님도 지구에 대해 전부 알지는 못하고요. 하지만 가장 중요한 것은 이 지구에는 아주 많은 사람들이 함께한다는 것입니다. 언제나 그 사실을 기억했으면 좋겠어요. 우리는 혼자가 아니라 함께 살아가고 있어요.

올해 우리 반에서 가장 밝고 명랑한 1학년 주환이는 학교생활이 어렵다. 수업 시간에는 자리에 바르게 앉아 있어야 하고, 아무리 신나도 친구의 머리를 때리면 안되며, 이동할 때는 사뿐사뿐 걸어야 하기 때문이다. 이 모든 규칙이 주환이는 이해되지 않는다. 참 어려운 일이다. 그래서 하루종일 선생님과 친구들의 잔소리를 듣는다. 아니, 정말 '듣고' 있는 것인지는 사실 잘 모르겠다.

평소와 같은 어느 날, 집에 갈 시간이 되어 모두 "선생님, 안녕히 계세요." 인사를 하고 집에 갔다. 그런데 주환이만 인사를 하지 않았다. '혹시 오늘 평상시보다 유난히 잔소리를 더 많이 들어서 마음이 불편했나?' 생각하며 다가가려는데, 주환이가 내게 다가와 폭 안겼다. 그리고 한마디를 남기고 쿨하게 집에 갔다.

"선샘미 보고시따." (선생님 보고 싶을 것 같아요.)

최근, 교사들의 어려움이 드러나는 사건들이 많이 보도되었다. 나 역시 교직을 그만두고 싶은 순간들이 있었고, 상담도 받았었다. 하지만 아직 그만두지 않은 이유는 그럼에도 불구하고 아이들을 만나는 것이 너무나도 좋기 때문이다. 나만 바라보는 수십 개의 반짝거리는 눈동자들이 참 좋다. 사랑에너지를 뿜어내는 이 아이들을 사랑하지 않을 수가 없다. 이 사랑을 아이들에게 많이많이 표현하면 좋을 텐데, 마음과 달리 잔소리를 더 해서 나중에 학생들이 나를 '잔소리투성이 선생님'으로 기억할지도 모르겠다. 하지만 아이들의 올바른 성장을 바란 선생님의 진심을 아이들은 알아줄 것이라고 믿는다. 분명히 아이들은 알 것이다. 목소리가 작고 내성적이어서 발표 수업 때마다 눈물을 글썽이던 지율이는 나와 발표 목소리 연습을 정말 많이 했었다. 1년 내내 지도했던 것 같다. 방과후에 '소리 지르며 노는 활동'까지 계획해 친구들과 함께 했었다. 그런데 12월의 어느 날, 갑자기 내 책상에 편지를 휙 던지고 가버렸다.

학생이 교실에서 가장 오래 바라보는 것은 교사이고, 학생이 교사로부터 영향을 받는다는 사실은 변하지 않는다. 코로나 상황을 통해 저학년 학생들에게는 교사의 존재가 특히 더 중요하다는 것을 경험하게 되었다. 요즘 어린이들이 이렇더라 저렇더라 말하지만 어린이는 아무튼 어린이다. 세상이 변화해도 아이는 그저 아이다. 그래서 학생들에게 교사의 역할이 중요하다는 사실은 여전하다. 변하는 것은 세상이니, 우리가 먼저 변해야 한다. 미래를 살아갈 아이들에게 어떠한 것이 필요할지 충분히 고민하고 실천해야 한다. 내가 이 아이들에게 바라는 모습은 무엇일까?

나는 이 어린이들이 언제나 '잘' 지내는 어른이 되었으면 좋겠다. 새로운 상황에 유연하게 대처하면서. 도움이 필요할 때는 주변에 손도 내밀고, 누가 내민 손을 잡아주기도 하면서. 앞으로 또 어떠한 일이 생길지 알 수 없는 이 지구 안에서 씩씩하게 함께 살아나갔으면 좋겠다.

라디오 주파수를 맞추며

월요일 아침에 출근하며 라디오 주파수를 맞추고 음악방송을 듣는다. 주파수를 잘 맞추고 출발했더라도 운전 중에는 '치익~ 치익~' 잡음이 들리기 일쑤다. 터널로 들어서면 아예 라디오를 꺼버리고 달린다. 기억으로는 학교에 도착할 때까지 완전히 깨끗한 노래를 들어본 적이 없다. 라디오 주파수와 자동차의 만남은 출근길 내내 이어지기도 어긋나기도 하며 균형을 맞추어 가고 있다. 어쩌면 수업도 이처럼 학생과 교사 사이에서 총체적 균형을 맞추어 가는 일이 아닐까.

수업이란 무엇인가? 수업이 무엇인지는 각종 사전에서 친절하게 설명하고 있지만, 이러한 사전적 정의에 만족하기는 쉽지 않다. 평소 많은 선생님들이 수업의 정의와 같은 질문을 하지 않을 것이다. 발령 첫 달 혹은 10년을 넘어 불현듯 이런 물음이 다가올 수도 있지만, 이내 바쁜 일상과 수업과 상관없는 여러 업무로 인하여 수업을 정의하는 일은 좀처럼 일상 안으로 들어오기 힘들다. 학교에서 늘 수업하고 있으니깐 말이다.

수업을 정의하기 어려운 까닭은 학교 현장의 다양한 환경에 기인하며, 교사마다 수업에 대한 생각이 천차만별이기 때문에 발생한다. 이와 같은 해석의 다양성 문제가 교육의 영역에 국한되는 것만도 아니다. 오죽하면 과학철

학자 토마스 쿤이『과학혁명의 구조』[1]에서 객관적으로 인식되는 과학의 영역에서도 참과 거짓을 구분하기 어렵다고 말했겠는가. 따라서 수업이 무엇이냐는 물음(What의 물음)보다는 어떻게 수업하는냐(How의 물음)에 대해 이야기하는 일이 상대적으로 쉽다. 그러나 윌리엄 에어스의『가르친다는 것』[2]은 그동안 익숙한 수업에 대하여 What의 물음을 강렬하게 던지는 책이다. 책 속에 여러 주제에도 불구하고 이 책의 메시지는 명확하다. 수업은 역동적 관계이자 만남이다.

> "가르치는 일은 지극히 개인적이며 친밀한 만남이다. 가르침을 향한 길은 늘 발견과 놀라움, 실망과 성취감을 동반한 복잡한 여정이다…. 가르치는 일은 한 번에 배워서 평생 아무 문제없이 실천할 수 있는 일이 아니다. 친구 사귀는 법을 배워서 사람을 만날 때마다 우정이라고 하는 고정된 지시사항들을 따르기만 하면 친구가 되는 게 아닌 것과 마찬가지다. 가르치는 일은 성장과 발전에 달려 있고, 늘 변화하는 역동적 상황 속에서 이루어진다." (227쪽)

---

1) 토머스 새뮤어 쿤,『과학혁명의 구조』, 홍성욱(옮긴이), 까치, 2013.
2) 윌리엄 에어스,『가르친다는 것』, 홍한별(옮긴이), 양철북, 2012.

에어스에게 수업은 기계의 반복적인 작업과 같은 것이 아니다. 그는 교사들이 수업을 둘러싼 여러 환경과 실천 사이에서 드러나는 것을 제대로 인식하고 균형 잡으려고 노력하는 길만이 중요할 뿐이라고 말한다. 교사와 학생의 만남과 이어지는 사건들에 균형을 잡는 일은 어떤 것보다 어렵고 소중하다. 오늘도 수많은 초등학교 현장에서 선생님들은 자신만의 n개의 수업으로 학생과의 균형을 이어가고 있다. 에어스는 고정된 방법을 넘어 수업의 역동성을 관계와 함께 사유하자고 건넨다.

나는 늘 학생과 적절한 균형을 찾으려고 애쓰고 있다. 때로는 어떤 사건으로 그 만남에 잡음이 생기기도 하고, 때로는 청명한 음이 생겨서 기쁨도 느낀다. 결국 잡음과 청명한 음을 만들어내는 건 교사와 학생이 만났기 때문이고, 만남의 균형은 언제나 고민거리가 될 수밖에 없다. 이 책은 각자의 교실이라는 "역동적인 상황 속에서" 이뤄지는 만남이 무엇인지를 교사에게 묵직하게 던진다. 미래교육의 출발도 언제나 교사와 학생의 만남에서 고민할 수밖에 없다. 한 주를 보낸 금요일 오후, 퇴근길에도 나는 라디오를 튼다.

인공지능과의 공존

1900년생 할머니께서는 텔레비전을 항상 정자세로 앉아서 보셨다. 텔레비전 속 사람들이 할머니를 조금이라도 보고 있을 것이라며 예를 갖추시는 것이었다. 지리산 뱀사골에 호롱불을 켜고 사셨던 할머니는 정말 호랑이가 내려왔었다는 이야기도 해주셨다. 내가 대학에 입학하던 1993년에 할머니는 돌아가셨다. 지금까지 살아계셨다면, 밤에도 낮처럼 환한 도시의 풍경과 휴머노이드 로봇을 보고 어떤 생각을 하실지 궁금하다.

　김영하 작가의 2022년 신작 『작별인사』[1]에 나오는 철이는 자신이 로봇인 줄 몰랐던 휴머노이드이다. 책을 읽으며 그러한 현실이 멀지 않아 많은 고민거리를 안겨준다고 생각했다. 영화 〈A.I〉[2]는 2001년 스티븐 스필버그 감독에 의해서 만들어진 영화이다. 영화 포스터에서 상징하는 부분이 인상적이다. 알파벳 A에서 하늘을 바라보는 데이비드의 옆모습을 떼어내어 알파벳 I를 표현하였다. 영화의 마지막 부분에서 출시를 앞둔 데이비드 로봇들을 보고 그가 자신의 정체성에 대해 인식하고 실망하는 부분을 포스터에서 이야기하고 있다.

---

1) 김영하, 『작별인사』, 복복서가, 2022.
2) 스티븐 스필버그, 〈A.I〉, 2001.

기후변화로 산아 제한법을 시행하고 자원을 아끼고자 로봇산업이 발전한다. 인간의 감정을 가진 데이비드는 불치병에 걸린 마틴을 대신해 모니카와 헨리의 아이로 입양된다. 그러나 곧 회복된 마틴이 돌아오자, 데이비드는 버려진다.

"제가 사람이 아니라서 죄송해요, 제발 날 버리지 마세요. 허락하시면 사람이 될게요."

엄마의 사랑을 갈구하는 로봇 데이비드, 폐기된 로봇들을 장난 거리 삼아 환호하는 사람들의 모습을 그려낸 장면이 있다.

2001년은 상상으로 인간이기를 원하는 인공지능 데이비드를 생각했지만, 2023년은 실제 일상생활에서 인간처럼 함께하는 인공지능 로봇을 마주하고 있다. 일반인들에게도 생성형 인공지능 ChatGPT가 일상화되고 있다. LG 기업의 인간과 디자인을 협업하는 AI '틸다'는 수십 명의 디자이너와 함께 몇 달이 걸릴 작업을 한 달 반 만에 마칠 수 있게 하였다. 틸다는 디자이너가 입력한 '금성에 핀 꽃'이란 텍스트로부터 이미지를 창조하였고, 이를 인간 디자이너가 패턴으로 변환한 후 실제 의상을 제작하여 뉴욕패션위크에 참여한 것이다.

영화는 많은 질문을 던져주고 있다. 23년 전 감독의 상상에서 만들어진 영화에서 던진 문제는 이제 현실에서 진지하게 논의되고 있다. 다양한 측면에서 인공지능 윤리에 대해 생각해보아야 한다. 인공지능 로봇을 만드는 사람과 사용하는 사람, 그리고 인공지능 그 자체와의 관계 등에서 있을 수 있는 윤리적 문제와 해결 방안까지 고민이 깊다. 확실한 것은 이제 함께 공존해야 한다는 것이다.

책을 쓰는 동안 '우리가 학생들을 가르치고 기르는 목적이 무엇일까' 내내 생각했다.
책을 완성한 지금, 나는 학생들이 어른이 되었을 때 한 사람으로서 제 몫을 하며
이 세상을 살아갈 수 있도록 만들기 위함이라고 결론지었다. 우리 학생들이 자신의
힘으로 튼튼히 서고, 나의 곁을 다른 사람에게 따뜻하게 내어줄 수도 있는 어른이
되었으면 좋겠다는 희망을 담아 글을 마무리한다. 지금까지 만난 300여명의 학생들과
동료 교사들, 늘 내게 영감을 주는 김선현 선생님께 감사하다. - 김은경

이 책을 마무리하는 시점에 암담하게도 분쟁 지역에서 많은 사상자가 다시 발생하고
있다는 소식을 듣고 있다. 시민교육을 통해 학생과 어떤 주제로 어떻게 잘 소통할 수
있을지는 언제나 고민이다. 그럼에도 시민교육의 중심에는 늘 평화가 깃들어 있어야
한다 생각한다. 나름의 글 빛깔을 가진 네 명의 교사가 뭉쳐 용감하게도 책을 내게
되었다. 다른 세 분이 없었더라면 엄두를 내지 못했을 일이다. 마지막까지 수고하신
출판사와 편집자에게도 감사의 인사를 드린다. - 오창진

지인의 첼로 선생님의 연주회를 다녀왔다. 그녀와 함께한 두 분 중 한 분은 다른 일을 하는 분이었다. 다른 직업을 가지고 음악을 하며 무대에 오르는 사람들을 보면 음치에 박치인 나는 그저 부러울 뿐이다. 게다가 몸치이니 운동도 잘할 리가 없다. 그런 나는 결심했다. 삶을 연주하듯이 살겠노라고. 삶을 시처럼. 시민교육의 다양한 주제는 내 삶을 연주하기에 안성맞춤이다. 미니멀 라이프 리듬에 시민교육의 주제를 가사로!
- 어린이문학공부모임 선생님들과 에듀니티에 감사를 드리며, 이선예

얼마 전, 무슨 재미로 학교에 다니냐는 동료 교사의 질문에 책 쓰는 재미로 다닌다고 고백(?)을 한 적이 있다. 돌이켜보니 2023은 교원 출판 사업에 참여하는 즐거움으로 학교생활을 이어갔다. 예기치 않게 참여하게 된 이 사업 덕분에 1996년 첫 발령 이후 28년의 교직 생활을 반추하는 계기를 갖게 되었고, 그 덕분에 다시 파이팅할 용기도 얻었다. 올해 처음 시작하는 충남교육청의 교원 출판 사업이 앞으로도 계속 이어져 다른 선생님들에게도 좋은 기회가 되었으면 좋겠다. 그리고, 혼자라면 감히 엄두를 낼 수 없는 이 프로젝트에 함께하자고 손 내밀어 준 창진, 선예, 은경 세 분의 선생님께 감사드린다. - 가을밤에, 이희경

교실 구석구석 시민교육
삶과 문학이 깃든 시민교육

초판 1쇄 발행 2023년 12월 13일

지은이 어린이문학공부모임

발행인 김병주
기획편집위원회 김춘성 한민호   **디자인** 정진주   **마케팅** 진영숙
에듀니티교육연구소 이문주 백헌탁
행복한연수원 이종균

펴낸 곳 (주)에듀니티
도서문의 1644-5798
일원화 구입처 031-407-6368 (주)태양서적
등록 2009년 1월 6일 제300-2011-51호
주소 서울특별시 중구 남대문로 117, 11층
출판 이메일 book@eduniety.net
홈페이지 www.eduniety.net
페이스북 www.facebook.com/eduniety
인스타그램 www.instagram.com/eduniety/
　　　　　 www.instagram.com/eduniety_books/
포스트 post.naver.com/eduniety

문의하기

투고안내

ISBN 979-11-6425-157-5

값은 뒤표지에 있습니다.